创投中国

优秀创投案例

主　编：沈志群
副主编：周　莉　胡芳日
编　著：丁明洪　郑茹文
石俊来　梁　烁

中国时代经济出版社

图书在版编目（CIP）数据
创投中国. 优秀创投案例 / 沈志群主编. --北京：
中国时代经济出版社，2012. 6
ISBN 978-7-5119-1155-1

Ⅰ. ①创… Ⅱ. ①沈… Ⅲ. ①创业投资—案例—中国
Ⅳ. ①F832. 48

中国版本图书馆CIP数据核字（2012）第109697号

书　　名：创投中国. 优秀创投案例
作　　者：沈志群

出版发行：中国时代经济出版社
社　　址：北京市丰台区玉林里25号楼
邮政编码：100069
发行热线：（010）83910221 68312508
传　　真：（010）68320634 68320484
网　　址：www.cmepub.com.cn
电子邮箱：zgsdjj@hotmail.com
经　　销：各地新华书店
印　　刷：北京紫瑞利印刷有限公司
开　　本：710×1000　1/16
字　　数：220千字
印　　张：15
版　　次：2012年6月第1版
印　　次：2012年6月第1次印刷
书　　号：ISBN 978-7-5119-1155-1
定　　价：36. 00元

顾问委员会

主任委员

徐　林　国家发展和改革委员会财政金融司司长

宋　密　中国投资协会创业投资专业委员会会长

副主任委员

张汉亚　中国投资协会会长

冯中圣　国家发展和改革委员会财政金融司副司长

委　员（按姓氏笔画排序）

王一军　中国风险投资有限公司总裁

王永华　深圳市天图投资管理有限公司董事长

王守仁　深圳市创业投资同业公会常务副会长

王　涌　浙江如山投资管理顾问有限公司董事长

冯　涛　上海永宣创业投资管理有限公司总裁、首席管理合伙人

刘国超　黑龙江辰能哈工大高科技投资有限公司总经理

刘　昼　深圳市达晨创业投资有限公司创始合伙人、董事长

刘健钧　国家发展和改革委员会财政金融司金融处处长

朱立南　联想控股常务副总裁兼君联资本总裁

何国杰　广东省粤科风险投资有限公司董事长、高级经济师

张　伟　江苏高科技投资集团有限公司总裁

张陆洋　复旦大学中国风险投资研究中心主任

李凤明　绵阳久盛科技创业投资有限公司董事长、总经理

李开复　创新工场董事长兼CEO

李功臣　山东省高新技术投资有限公司总经理

李　娟　武汉华工创业投资有限责任公司董事长

沈南鹏　红杉资本中国基金创始及执行合伙人
肖水龙　深圳市创东方投资有限公司董事长
陈友忠　智基创投股份有限公司创始管理合伙人
陈越孟　浙江浙商创业投资管理有限公司董事长
周锦昌　德勤中国主管合伙人
罗文倩　华威国际集团合伙人
郑伟鹤　深圳市同创伟业创业投资有限公司董事长
郑昌幸　北大PE投资联盟理事长
柳传志　联想控股董事长兼总裁
胡　波　中国人民大学风险投资发展研究中心副主任
赵　军　德同（北京）投资管理有限公司董事总经理
赵曾海　北京市中银律师事务所主任
郝　省　国浩律师（北京）事务所合伙人、律师
徐大麟　汉鼎亚太投资公司董事长兼总裁
钱立强　普华永道咨询部合伙人
高　健　清华大学中国创业研究中心主任
高　峰　《证券时报》副总编辑
曹和平　北京大学经济学院教授、博士生导师
阎　焱　软银赛富投资基金首席合伙人
曾之杰　中信资本高级董事总经理
路　军　国开金融有限责任公司副总裁
靳海涛　深圳市创新投资集团有限公司董事长
鲍　钺　硅谷天堂资产管理集团股份有限公司执行总裁
熊晓鸽　IDG资本创始合伙人
阚治东　东方汇富创业投资管理有限公司总裁

序一

国家发展和改革委员会财政金融司司长　徐林

国际经验表明：创业投资作为“支持创业的投资制度创新”，对于支持中小企业创业创新发挥着不可或缺的作用。我国从20世纪80年代中期开始探索发展创业投资。2005年以来，随着国家十部委《创业投资企业管理暂行办法》和相关扶持政策的陆续出台，我国的创业投资体制机制逐步得到完善，创业投资业呈现出快速发展的好势头。截至2012年4月末，在国家发展改革委和省级备案管理部门备案创业投资企业858家，所管理的资产总额为1769亿元。从相关指标看，我国的创业投资企业通过支持企业的创业活动，在增加就业岗位、提高企业研发能力、促进创新产品产业化、支撑GDP增长和促进税收增长等多方面，均作出了显著贡献。

为树立创业投资行业标杆，推广行业最佳实践，引导创业投资机构更好地支持创业创新，中国投资协会创业投资专业委员会（以下简称“中国创投委”）从2011年开始，在全国创业投资业开展评优表彰活动，评选出了一批优秀的创业投资机构、创业投资家、创业投资中介服务机构和创业投资项目。基于评优表彰结果，中国创投委组织编撰了《创投中国》系列丛书，有代表性地选取部分获奖的优秀创投机构、创投家和创投案例，对其经验加以总结提炼，这是行业的一件盛事：一是有利于更好地促进业界交流，通过学习先进经验，提升全行业的投资管理水平，更好发挥创业投资支持创业创新的作用；二是有利于建立起正向激励机制，并通过与中国创投委的行业自律约束机制相结合，更好地促进我国创业投资行业健康规范发展；三是有利于积累行业素材，为相关学术研究提供支撑。

2011年是中国创投委开展创业投资行业评优表彰活动的第一年，活动遵循“公开、公平、公正、公益”原则，整个评选过程不收取任何费用，受到了会员单位和社会各界的广泛认可。今年是中国创投委编撰《创投中国》丛书的第一年，承担这样一项繁重的研究工作，投入了大量人力与物力，所做的工作也只是初步的尝试。希望今后继续努力，不断提高《创投中国》丛书的质量和水平，使之在树立行业标杆的正向激励和引导作用，有力促进我国创业投资业健康规范发展，促进实体经济创业创新等方面，发挥越来越大的作用。

二零一二年五月二十二日

序二

中国投资协会会长　张汉亚

创业投资在国外已有70多年的发展历史，并成为欧美等发达国家推动企业创业创新的重要投资方式。虽然我国创业投资业发展只有短短的20多年，但其在促进国家自主创新战略的实施、投资体制和金融体制的改革、资本市场的完善、资本结构的优化和配置，扶持科技企业的发展壮大，解决中小企业的融资难等方面发挥了积极作用，已经成为中国经济发展中的重要资本力量。

2010年10月16日，由国家发展改革委主管的中国投资协会经国家民政部批准，在国家15个相关部门的联合支持下，成立了中国投资协会创业投资专业委员会（简称“中国创投委”），标志着我国创业投资进入了政府监管与行业自律相结合的新阶段。一年多来，在国家相关部门和专家顾问热情关心和指导下，在广大会员单位的大力支持和共同参与下，中国创投委遵照“为创业投资企业服务，构建政府和企业之间沟通交流的桥梁纽带”的宗旨，积极开展各项工作，在促进我国创业投资企业的发展等方面取得了可喜的成果。

为了鼓励和引导创业投资企业健康发展和为我国经济发展作出更大的

贡献，中国创投委在2011年开展了首届创业投资行业评优表彰活动。这项评优表彰活动是中国投资协会主办的国家优质投资项目评优表彰活动的重要组成部分。国家优质投资项目是国务院纠正行业不正之风办公室《关于评比达标表彰保留项目的通知》所保留的国家发展改革委主管的15项评优表彰项目之一。

《创投中国》是在2011年度创业投资行业评优表彰活动基础上，由中国创投委组织编辑出版的一套丛书，包括优秀创投机构、优秀创投家和优秀创投案例三个部分。丛书资料翔实，案例生动，集中展现了我国优秀创投机构、优秀创投家和创业企业的成长历程、业绩、经验和教训，为创业投资界和相关专业领域的人士认识创业投资行业开启了一个窗口，对政府部门、创业投资界、创业企业的管理者都具有一定的借鉴和启示作用，对相关科研部门和实践者具有参考价值。

目前我国已进入“十二五”时期，这是全面建设小康社会的关键时期。为此，党中央提出了“以科学发展为主题，以加快转变经济发展方式为主线”的战略方针，并明确要“坚持把科技进步和创新作为加快转变经济发展方式的重要支撑”。创业投资是推动科技进步和创新转变为生产力的新型资本力量，“十二五”及其后的一个时期正是我国创业投资业大有作为的时期。我国的创业投资企业要紧紧抓住这个机遇，按照科学发展观要求，积极探索，勇于开拓，在推进自主创新中不断发展壮大，为培育创业型经济和转变经济发展方式作出更大贡献。

二零一二年五月十八日

目录

新兴重工企业的发展之路 …… 1

民营企业家让小企业穿上大外衣 …… 3

创投介入，潜伏7年 …… 6

携手创投终成行业龙头 …… 10

创新科技与资本让重工业走得更远 …… 14

小资料 …… 15

专家点评 …… 15

尽苦心环保业　得玉璞古龙城 …… 17

三年大步走，乌鸡变凤凰 …… 19

最是看中创业者 …… 21

致力研发，创新博青睐 …… 22

技术水平与业务能力均出彩 …… 23

合作与共赢 …… 25

各尽其才，相得益彰 …… 28

小资料 …… 28

专家点评 …… 29

中国城市矿山资源开采第一股 …… 31

资源有限，循环无限 …… 33
知识创业，成就梦想 …… 34
联姻粤科，插翅腾飞 …… 36
粤科创投，保驾护航 …… 37
立足现在，展望未来 …… 40
城市矿山，终成宝贝 …… 42
小资料 …… 44
专家点评 …… 46

久盛联西结　资本助推广电技术升级 …… 47

西结微波前世今生 …… 49
久盛创投探究西结 …… 50
久盛联手西结，成就高速发展 …… 53
西结微波如何保证自己持续的成长性 …… 55
小资料 …… 56
专家点评 …… 57

纳晶科技　突围照明业 …… 59

照明革命前夜——纳晶科技应运而生 …… 61
创投青睐——天图慧眼识珠 …… 64
天使庇佑——纳晶日新月异 …… 67
珠联璧合——创投推动创新 …… 68
小资料 …… 69
专家点评 …… 70

天使助力　钻石璀璨 …… 73

珠宝商市场营销模式的创新 …… 75
彼爱“差异化”战略营销路 …… 76
天图雾里看花，慧眼识才 …… 79
天使助力，钻石璀璨 …… 82
精雕细琢，流光溢彩 …… 85
小资料 …… 87
专家点评 …… 88

长城影视　再现民族复兴之路 …… 91

长城影视——编剧的“梦工厂” …… 93
梦之魂——创新的盈利模式 …… 94
梦之使者——两情相悦，共创辉煌 …… 96
如山造就“英雄梦” …… 98
小资料 …… 100
专家点评 …… 102

创业资本成就的“教育梦” …… 103

软件博士的“教育梦” …… 105
华威国际眼中的安博 …… 106
资本助安博发展 …… 108
资本成为行业整合的助推器 …… 112
小资料 …… 113
专家点评 …… 113

如山协力　鲲鹏展翅 …… 115

鲲鹏击浪——挥别官场，决战商场 …… 117
鲲鹏高飞之翼——技术创新 …… 118
助飞之力——市场前景+政策支持 …… 121
如山协力，鲲鹏高飞 …… 122
小资料 …… 125
专家点评 …… 125

厚积薄发　扛“鼎”之作 …… 127

小“华为”大梦想，带着华为血统诞生 …… 129
专注成就卓越，规范引领创新 …… 130
政策相助，行业未来空间巨大 …… 134
不靠运气靠实力，中国风投遇到鼎汉 …… 138
鼎汉与中国风投一拍即合 …… 140
慧眼才识千里马 …… 141
小资料 …… 142
专家点评 …… 143

让游艇驶入创业板 …… 145

伯乐识英雄，创东方的新发现 …… 147
优中选优，投资就是投未来 …… 150
重视设计，打造游艇核心竞争力 …… 152
携手创投，快艇加速驶入大海 …… 154
回味项目，投资就是投人 …… 156
小资料 …… 157
专家点评 …… 158

从辣椒中提取财富 …… 161

创新生产体系，打造核心竞争力 …… 163
多元经营，谋求发展 …… 166
结缘创投，发展提速 …… 169
携手同行，憧憬未来 …… 171
启迪智慧，再创辉煌 …… 174
小资料 …… 175
专家点评 …… 176

创投谋势　欧非光拓殖蓝海 …… 177

从技术员到董事长之路 …… 179
蓬勃的新兴产业，独特的产品优势 …… 180
慧眼之源始于同创 …… 183
资本推动，欧非光腾飞 …… 186
从欧非光腾飞看创投作用 …… 190
小资料 …… 192
专家点评 …… 192

中国电视剧第一股 …… 195

崭露头角，华策影视初长成 …… 197
华光绽放，华策影视的核心竞争力 …… 198
佳绩吸创投，浙商创投入股华策影视 …… 202
浙商创投助力华策影视 …… 205
小资料 …… 207
专家点评 …… 207

以技术之力　创环保之星 …… 209

环保世界的“红色明星” …… 211

核心“星”术——技术壁垒 …… 212

创投“入住”，携手前进 …… 216

“星”绩显著 …… 219

小资料 …… 220

专家点评 …… 222

后　记 …… 223

创投中国

通裕重工

TONGYU HEAVY INDUSTRY

新兴重工企业的发展之路

山东通裕集团有限公司（简称“通裕重工”）是集锻造、铸造、机械加工、热处理、电渣重熔冶炼、非金属管道于一体的综合型企业集团。

公司拥有亚洲最大、国内最先进的管模生产线，居国内领先水平的环保效益型大型锻件生产线和热处理生产线，正在建设大口径非金属管材生产线和电渣重熔钢生产线。公司产品在风电主轴和管模生产行业中的市场占有率为22%和34%，是国内龙头企业。

重工业企业在一些创投机构眼中是冷门，但是作为拥有自主研发能力的高科技创新型企业还是吸引了山东省高新技术投资有限公司（以下简称“山东高新投”）的目光。山东高新投通过三次增资，投资总额为1.08亿元，共持有通裕重工3600万股权，占通裕重工注册资本的20%。

持续增资的背景下，通裕重工与山东高新投之间建立了更加稳固的合作关系。山东高新投对通裕重工未来的发展前景和管理层的运营能力抱有较高的信心，通裕重工对投资机构提供的增值服务也给予了充分的肯定。

2011年3月8日，通裕重工成功登陆创业板，股票代码300185，发行价25元/股，发行市盈率53.42倍，募集资金数量为22.5亿元。首次公开发行时，山东高新投共持有通裕重工5400万股，上市首日市值13.5亿元，投资回报率为12.5倍。

民营企业家让小企业穿上大外衣

1991年，通裕重工股份有限公司的前身禹城通裕机械有限公司在山东省禹城市房寺镇落成。在20年的发展历程中，它草根企业的形象已经在董事长司兴奎的修整下脱掉了乡土气息，变成了规制完善的大企业，甚至有了点大国企的温和厚重而强劲大气的味道。

通裕重工的董事长兼总经理司兴奎，生于1953年，大专文化，高级工程师，是全国乡镇企业家，省级技术创新带头人，先后被授予德州市专业技术拔尖人才、优秀乡镇企业家、劳动模范、廉洁勤政先进个人、禹城人民好公仆等荣誉称号，因成绩卓著、对国家贡献较大，连年荣获禹城市委、市政府及房寺镇党委政府的年终目标考核表彰奖励。

司兴奎几十年如一日，苦心经营，先后创建了房寺镇机修厂、锻压厂、育成通用机器厂、铸造厂，并于1995年组建了禹城通裕集团公司，2002年8月改制更名为山东通裕集团有限公司。

面对国内机械行业市场竞争日趋激烈，司兴奎客观科学地对国内外市场形势进行综合分析研究，抓住了科技时代的契机，毅然制定了“科技兴企”的战略方针，大力推行科技创新，高瞻远瞩、科学决策，带领全体员工走出了一条颇具特色的发展之路。

靠科技创新抢占市场

科技是第一生产力，只有不断开发适销对路的高科技产品，才能抢占市场制高点，获得发展的主动权。基于这种认识，公司充分利用、发挥科技人才的积极性、创造性，同时主动挂靠科研机构和高等院校，先后开发出宽厚板结晶器、球墨铸铁管管模、数控电梯导轨刨床、遥控石油钻井弯头、MC改性尼龙管材管件等五大填补国内空白、替代进口的高新技术产品。

其中球墨铸铁管管模先后荣获山东省优秀新产品二等奖、科技创新一等奖，被评为国家级重点新产品；数控电梯导轨刨床被列入省技术创新项目计划，被评为山东省优秀新产品一等奖、山东省科技进步三等奖、国家级重点

图1 球墨铸铁管管模

新产品，并获科技部科技型中小企业技术创新基金重点支持；MC改性尼龙管材管件项目已经被列入国家“863”计划。

在开发高科技产品的同时，通裕集团先后与太原重机研究院、北京冶金设备研究院、中国石油大学、山东大学、山东冶金科学研究院、济南铸锻机械研究所、合肥工业大学、太原理工大学等科研机构和高等院校建立了良好的关系，成为企业强大的技术后盾。在太原重机研究院的帮助下，投资5000多万元对3150吨自由锻压力机进行了搬迁改造，彻底用高新技术对传统产业进行技术改造。该项目已达产，仅此一项，可实现销售收入1.8亿元，利税3000多万元，将成为国内较大的锻件集散地和出口基地，综合锻造能力跃居国内同行前五名，成为国内最先进的环保型锻造厂家，大大增强了企业的经济实力。

大型锻件的电渣重熔技术因其要求密度实、纯度高，被公认为世界性技术难题。通裕集团通过加大自主创新力度，改进冶炼方法，攻克了这一难关。

司兴奎对他们的技术满怀信心：“家里有‘粮’，心中不慌。机械装备业是一个技术密集型行业，技术水平直接决定着企业市场竞争能力。在当前金融危机的严峻形势下，我们依靠自主创新苦练内功，实现了逆势崛起。”

在他们的苦心经营下，通裕重工拥有了多项省部级科研成果和专利，建立企业技术开发中心，每年的技术开发占年销售额的8%，成为迅速崛起的集设计、研究、开发、制造于一体的综合型高科技企业集团。

科学的战略规划

“发展才是硬道理”，为了获得可持续发展，司兴奎对公司后续发展做出科学规划。在产品研发方面持续加大力度投入，并建设工业园区，将产业链逐步完善。同时建设“通裕机电工程研究所”，挂靠国内外知名的科研院所和高等院校，建立国内知名科研中心，为促进企业发展提供不竭的智力支持。稳定增长销售收入的同时，保证劳动生产率、人均利税、员工收入均跃至全国行业首位，成为跨行业快速发展的国家级高新技术企业。

多渠并举引用人才

司兴奎深知人才对科技兴企的重要性，而乡镇企业又存在着人才严重缺乏的现实，企业要发展，人才最重要。为此，他先后通过借、聘、挖、调等各种形式，从太原、济南、青海、河南、北京等地引进高级专业技术人才15人，在市区为他们买高标准的商品房，每天专车接送，合理安排家属就业、子女上学，另由科研院所、高等院校聘请20多名高级专业人才担任公司长期的技术及管理顾问。并先后招录大中专毕业生70余人，充实到各重要岗位，培养造就人才第二梯队，进一步充实了科技力量。对所有引进的人才均根据各自的特长委以重任。他们的加盟，大大优化了企业的人员结构，提高了整体素质，为开发高科技产品，提高劳动生产率发挥了重要作用。

文化建设提升公司姿态

大力加强企业文化建设是司兴奎对企业和社会的又一贡献。他认为：一个企业如果没有自己的文化，就不会有旺盛的生命力，企业文化是凝聚力、向心力、战斗力的源泉，是全心全意依靠职工办企业、促进团结奋进、文明进步的有力手段。

在他的大力倡导下，企业成立了党组织，建立了工会，直选工会领导班子，按规定提取缴纳会费，购进文化娱乐设施，修建体育场、职工浴室，建立卫生室，栽种花草树木，创刊《通裕之路》。

《通裕之路》成为广大职工了解事实、抒发情感、总结经验、激励先进、鞭策落后、建言献策、参与管理的重要场所，为提高企业管理水平和促进文明进步发挥了重要作用。

司兴奎用勤劳和智慧，带领企业、带领职工走向富裕和文明，用科学化、规范化、现代化的管理手段，使得通裕重工快速发展。

创投介入，潜伏7年

重工业企业在一些创投机构眼中是冷门，但是作为拥有自主研发能力的高科技创新型企业还是吸引了山东高新投的目光。山东高新投是一家国有独资的专业的创业投资公司，有一批技术背景强大的投资人才，关注各个细分行业的发展与其中的优秀企业。

2003年山东高新投增资之前，通裕重工在锻件、管膜等领域已经拥有一定技术储备，2002年底总资产为18324万元，全年销售收入9491.2万元，净利润615.3万元。通裕重工的核心技术集中在锻件、球墨铸铁管管模、数控电梯导轨刨床、遥控石油钻井弯向接头等产品上，部分产品在国内同行业中具有领先优势，部分产品填补了国内空白。

1.锻件：通裕重工的主要品种是技术含量较高、附加值较高的优质碳素钢锻件、优质合金钢锻件、特种合金钢锻件，与国内同行业其他公司同类产品相比，通裕锻件产品具有的优势：一是最大锻造吨位可达45吨，是国内能够提供特大型锻件的少数厂家之一；二是锻件内在质量居国内领先水平，探伤锻件合格率达100%，居国内同行业首位。

2.球墨铸铁管管模：通裕重工可生产加工DN50～1600mm球墨铸铁管管模，填补了国内空白，居国际先进水平。目前已形成水冷金属型、树脂砂型、热模法、型筒四大系列近百个品种。

3.数控电梯导轨刨床：该产品由通裕自行研制开发，集机、电、液于一体，填补了国内空白，居国际先进水平。通裕重工是国内该产品的唯一生产厂商。

4.遥控石油钻井弯向接头：公司与中国石油大学联合开发的高新技术产品，填补了国内空白。

产品在行业内领先优势明显，在新技术获得突破之后盈利能力将步入一个快速发展的通道，是创投机构进入的最佳时机。

2003年7月，山东高新投项目组通过对通裕重工前期详尽的尽职调查，对公司的经营情况、技术储备与发展前景给予充分的肯定，决定首次对通裕重工进行增资，出资1200万元，占通裕重工注册资本的20%，通裕重工的注册资本增加至6000万元。此后为了支持企业的发展，满足企业日益增长的资金需求，高新投又对通裕重工进行了两次增资，使企业在几年的时间内获得飞跃式的发展。

2006年12月，通裕重工为了解决原材料——优特钢坯料的供应不足问题，决定建设大型特殊钢锻件坯料制备项目，解决企业发展中遇到的瓶颈。股东会通过决议，同意全体股东按持股比例以货币资金增资6000万元，增资价格为每元注册资本出资一元。在此次增资中，高新投共出资1200万元，认购1200万股，累计持股数增加到2400万股。

2009年，通裕重工拟新上建设项目——MW级风力发电机主轴，该项目被国家发改委列为2008年重大装备国产化专项。通裕重工股东会做出特别决议，同意吸收新的战略投资者。本次增资由原自然人股东、山东高新投及新入自然人股东共同出资认缴。本次增资中高新投出资8400万元，认购了通裕重工1200万股股权。

图2 5MW风力发电机主轴

第一次增资——看中通裕核心技术

第一次增资之前，通裕重工的产品主要集中在锻件、球墨铸铁管管模、数控电梯导轨刨床、遥控石油钻井弯向接头等几个方面，项目组成员对这类产品的行业、竞争对手、技术领先程度进行了详细的分析。

1.锻件是传统产品，锻造业是国民经济赖以生存发展的基础产业，无论科技如何发达，其基础地位是其他任何产业无法替代的。据2003年中国锻压协会统计预测：国内锻件市场需求量平均每年以10%的速度增长，出口量年均增长速度近15%，国内市场大型锻件、高技术锻件依然依赖进口。

通裕重工的锻件产品在行业内具有突出的领先优势：价格较其他国内同行业低10%～20%；质量保证，探伤锻件自1995年以来一直保持100%的出厂合格率，居国内同行业首位；主导产品是大中型锻件和高技术锻件，竞争对手少，市场缺口大。

2.球墨铸铁管管模在通裕重工研制成功，改变了我国该产品长期以来进口的局面。据中国金属学会铸铁管专业委员会预测，今后十年内，管模的市场需求将以年均15%的增长速度快速增长，大管径管模增长速度将达30%，国内供应出现严重缺口。

3.球墨铸铁管管模和数控电梯导轨刨床，均为通裕重工自行研制开发的高新技术产品，国家均无相关标准，自行编制的企业标准，已报质量技术监督部门审核认可备案，成为国内唯一的生产制造标准。

增资之前，通裕主要产品已经较为成熟，并且具备了相关的技术储备，在国内技术、成本的领先优势也较为明显。

通裕重工此次增资的目的，是为了建设金属材料强化处理项目。该项目属于锻件的后加工环节、管模的中间加工环节，通裕生产的全部管模和30%以上的锻件均需要经过热处理，项目建成之后，将满足生产的自身需求，保证生产质量，节约热处理环节加工费用及运费，增加直接效益。项目组认为，该项目的成功投产意味着通裕重工锻件及管模产品生产加工各环节具有了完整性和连续性，解决了加工环节的瓶颈问题，对扩大业务量、提高产品质量、控制加工周期、降低成本等具有重要意义。

第二次增资——助设备升级

通裕重工于2005年底经省发改委立项，开工建设了15万吨大型特殊钢锻件坯料制备项目，该项目总投资2.3亿元，达产后年产特殊钢锻件坯料15万吨。

从企业自身发展来看，企业今后的重点发展方向为：大型电站锅炉管，石化、高压容器大口径厚壁无缝钢管，6万千瓦以上汽轮机、发电机转子，DN1000mm以上球墨铸铁管模具，冷轧辊，船用锻件，高速齿轮箱硬面轮坯等重大装备制造业的核心产品。这些产品都是以优特钢坯料为原材料，对成分控制和内部质量均有很高的要求。公司目前拥有的三台电渣炉无论从量到质都远不能满足要求，国内供应厂家远不能满足目前正常生产经营的要求，更谈不上中长期规划发展的需要。增设优特钢坯料冶炼配套条件已是势在必行。

山东通裕重工建设该项目，与国内现有主要生产厂家相比，具有如下优势：

1.充足的资源优势：通裕的自有热电厂可以为项目提供充足、廉价的电力供应以及工业用蒸汽。项目产品的主要原料是废钢，企业本身会产生一部分，其余靠收购，可通过与现有客户易货贸易的方式解决。同时，通裕享受铸锻件产品增值税先征后返35%的优惠政策，项目产品也属此列。

2.独特的区位优势：该项目位于山东省禹城市高新技术开发区内，距京福高速公路、京沪铁路禹城站均为2公里，南距济邯铁路出站口25公里，西距济邯高速公路、京九铁路汇集处仅90公里，交通十分便利，地理位置优越。

3.先进的工艺设备：该项目采用目前特殊钢冶炼行业最先进的工艺和设备。主要设备是一座30t高功率电炉、一座40tLF钢包炉、一台VOD精炼炉及模铸生产系统。采用现代复合用氧技术冶炼，缩短了冶炼周期，炉前增设快速分析平台，采用直读光谱仪和碳、硫分析仪，减少炉前等候时间，采用泼渣工艺，减少渣罐和渣罐车设置，缩短工艺流程。

4.较强的新产品开发能力：通裕拥有省级工程技术研究中心，是国家级重点高新技术企业，拥有一支60多人的研发队伍，并与清华等十几所科研院所建立了长期合作关系，具有很强的新产品研发能力。

该项目投产后，50%的产品企业自用，50%外销。一方面，该产品将解决目前新产品开发中面临的原料瓶颈，大大促进通裕的新产品开发步伐，并且能够促进大型电站锅炉管、大口径厚壁无缝钢管、冷轧辊等核心产品的尽快投产，从而进一步增强通裕的竞争实力和盈利能力。另一方面，产品投放市场将凭借优特钢产业的供需矛盾，获得相应较高产品利润。

第三次增资——助力产业拓展

2007年11月14日国家发改委（发改办工业（2007）2765号文）同意将山

东通裕重工有限公司“MW级风力发电机主轴项目”，列入2008年重大装备国产化专项，并原则同意给予项目中央预算内投资补助政策，投资数额为2750万元。

风电主轴产品由于对材料的要求高，特别是对锻造材料的低温冲击要求很高，使该件的制造难度加大。通裕重工自主研发、拥有完全自主知识产权的1.5～5MW风力发电机主轴，填补了国内空白，达到了国际先进水平，现已形成年产2000支的生产能力，成为国内最大的风力发电机主轴生产企业。因此公司拟投资3.5～4亿元实施MW级风力发电机主轴产业化项目，全部建成达产后，年新增生产能力3000支，进一步满足国内外客户的需求。项目组认为，该项目的顺利建成将成为企业又一个新的支柱产业。

另外，通裕重工将冷轧辊项目作为未来发展的储备项目。通裕重工已经能够批量生产球墨铸铁管管模、发电机转子、MW级风力发电机主轴等大型锻件产品，这些产品和冷轧辊在生产工艺方面有很大的相近性，并且公司已基本掌握了冷轧辊的制造技术，并进行了小批量的试产。该产品投产后将成为公司又一利润增长点。

截至2009年，公司已形成了生产一代、储备一代、研制一代的自主创新体系，既有当前大型锻件、管模、MW级风电主轴等多个高新产品同放异彩，又拥有冷轧辊、船用曲轴、双超电站锅炉管等即将形成产业化的储备产品，还有石油套管等后续研发产品。公司逐渐形成完整的产业链条，走上良性循环发展的轨道。

携手创投终成行业龙头

首次增资之后，山东高新投依据企业发展的实际需要，对企业的新上项目及规模扩充给予持续的后续融资；在支持企业扩张的同时，也享有了企业增值所带来的利润回报。通过三次增资，山东高新投共持有通裕重工3600万股权，占通裕重工注册资本的20%（首次公开发行前）。

持续增资的背景下，通裕重工与山东高新投之间建立了更加稳固的合作关系。山东高新投对通裕重工未来的发展前景和管理层的运营能力抱有较高的信心，通裕重工对投资机构提供的增值服务也给予了充分的肯定。

投资机构的增值服务

1.提供持续资金支持

自从2003年山东高新投第一次对通裕重工增资开始，随着企业不断发展，其对资金的需求也不断增加。高新投针对通裕重工为完整产业链条，发掘新的增长点的拟上项目提供了持续的资金支持，先后两次对通裕重工进行增资，使其在快速发展过程中获得了较强的后续融资支持。

2.引进外部投资者为企业发展助力

为了分散投资风险，也为了给企业提供更加雄厚的资金支持，山东高新投为企业第三次增资引入外部股权投资者，为通裕重工MW级风力发电机主轴项目顺利建成扫除了资金障碍。

3.企业诊断

企业诊断无论是在创业投资资金投入之前或之后都同样重要，针对不同时期不同特点的企业就有不同的诊断需要和结果。高新投增资之后，针对通裕重工不同发展时期的情况，以创投机构的视角针对企业在历史沿革、财务风险、发展规划、市场与营销模式等方面作出诊断，并积极配合企业发现问题，解决问题。

4.共享公共资源

增资完成之后，与山东高新投建立了长期合作关系的银行、会计师事务所、律师事务所、保荐人等纷纷对通裕重工提供相关的服务，这些机构对规范企业的日常管理，促进企业快速发展，以及后期上市之路都起到了推动的作用。

5.优化通裕重工内部体系

山东高新投进入之后，企业建立了更为规范的财务制度与更为完善的管理机制与决策机制。高新投作为一个外部投资者，在支持企业发展的同时，对企业制度的完善也起到了监督与促进作用，有效地帮助企业改善公司的管理架构、提高管理层战略决策和企业运营能力。

6.协助拟定中长期发展规划

作为一个创投机构，山东高新投能够清楚地分析和了解企业所处的情境，及时地给出建议与意见，协助拟定企业中长期的发展规划与目标。自从投资机构进入之后，通裕重工就以上市为目标对企业的经营、财务、管理进行规范，并在上市问题上给出一个有效的时间表。

丰厚的收益

通裕集团没有“辜负”山东高新投的期望。从2004年至2008年，山东高新投每年从通裕集团得到了丰厚的收益，5年年均收益率达到58.38%。

表1　高新投第一次增资前的财务数据与最近4年的财务数据对比表（单位：万元）

	2002/12/31	2007/12/31	2008/12/31	2009/12/31	2010/12/31
总资产	18327	144823	206013	215417	279385
总收入	9491	62532	122433	111454	112732
净利润	615	9935	15357	16922	19264

1.总资产大幅提升，公司实力显著增强

截至2010年底，通裕重工的总资产已经达到279385万元，比2003年年底增长了14倍之多。单就土地这一量化的数据来说，在2002年年底，公司厂房占地面积不到200亩，而截至2010年，通裕重工的占地面积为1300余亩。公司在7年的时间内，规模迅速扩大，逐渐发展成长为一个产业链完整、核心技术领先的行业内龙头企业。

通裕重工2002年以来总资产的变化图，见图3。

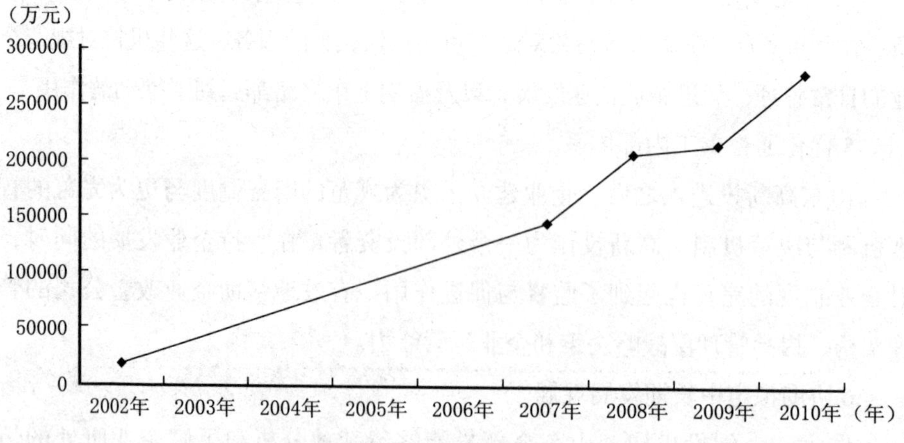

图3　总资产变化图

2.产业链更加完整，收入总量迅速增长

通裕重工的主营业务收入由2002年的9491万元增长为2010年的112732，增长了10倍还多。在2002年公司的主要收入依赖于锻件与管膜两大领域，到2010年年底，公司已经形成冶炼、锻压、热处理和机加工于一体的完整的大型锻件生产的产业链条，具备了高技术产品管膜与风电主轴上下游产品的研发与生产技术，突出产品更加多样化。

通裕重工2002年以来主营业务收入的变化图，见图4。

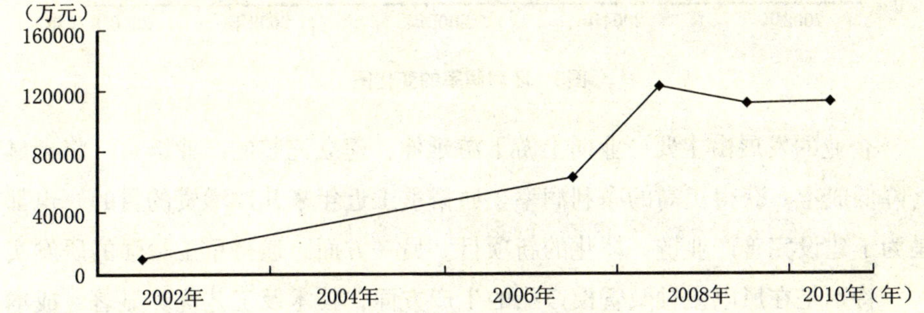

图4　主营业务收入变化图

3.企业净利润迅速增长，盈利能力不断提升

通裕重工2002年以来净利润的变化图，见图5。

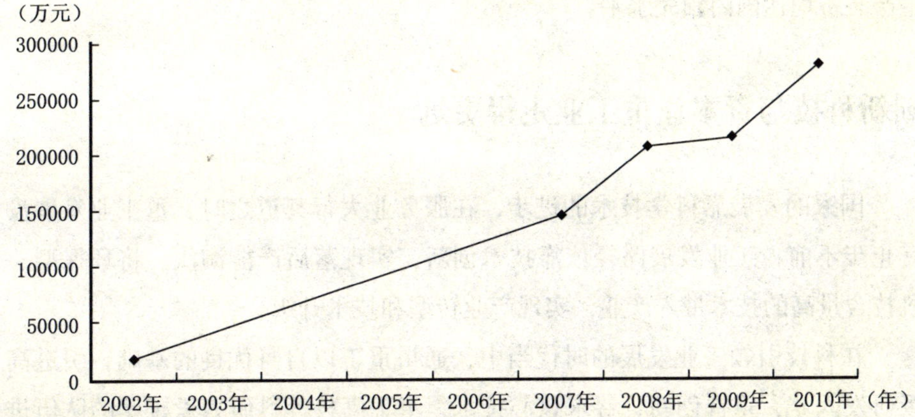

图5　净利润变化图

通裕重工2002年以来净利润率的变化图，见图6。

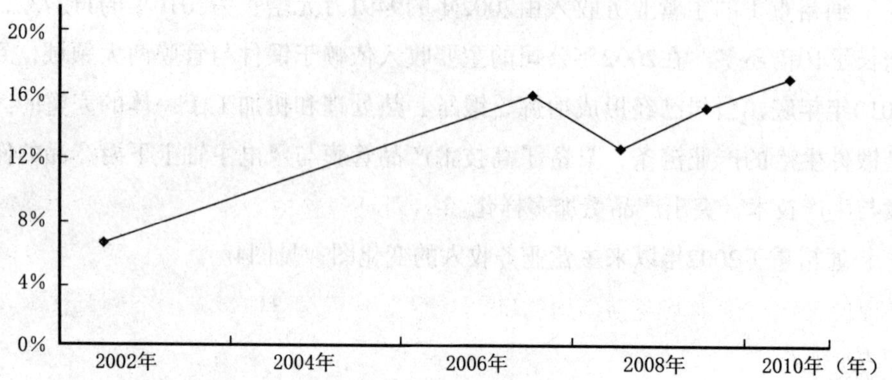

图6 净利润率的变化图

企业的发展由主要产业向上游下游延伸，建立完整的产业链条，将会显著降低成本，获得更高的净利润率。通裕重工近年来几次增资的目的，也都是为了建设完善产业链一体化的新项目。另一方面，通裕重工较强的研发实力，特别是在风电主轴及管模产品的生产方面，技术及工艺优势显著，成本得到有效的控制。得益于此，通裕重工的净利润率从2002年的6.5%增长为2010年的17.1%。

目前，通裕重工已经形成废钢、钢屑收购——锻造坯料制备——锻造——热处理——机械加工——检验检测为一体的循环经济产业链条，主要生产装备均达国内领先水平。

创新科技与资本让重工业走得更远

国家的发展靠科学技术的进步，在服务业大行其道之时，重工业发展没有止步不前，工业发展路径依靠技术创新，实现落后产能淘汰，将环保型、科技含量高的技术带入产业，实现产业转型和技术升级。

在科技引领工业发展的时代当中，通裕重工以自身优良的基础，引进高级研发人才，重视创新，寻求核心技术，牵手高校等科研力量雄厚的队伍进行“科技兴企”，在创投公司山东高新投的治理思想和上市帮助下，成功走上创业板，面向了更加广阔的市场和机遇，天道酬勤，在发展的道路上，只有一步一步踏实稳健，用最为核心的技术武装自己，抛开一切花哨的外表，扎实做好最基础的技术，最终定会厚积薄发。

而到了2014年高新投成功退出之时，距离高新投第一次对通裕重工增资将过去整整12年。在这一个轮回中，高新投享受了股权增值所带来的丰厚收益，更为重要的是，高新投能够伴随并且见证通裕重工由一个中小型的高新技术企业发展成为具备一体化产业模式的行业内新兴龙头企业，并在其发展过程的关键时刻为其规划指引，助其一臂之力，这也体现了一个创投机构真正的价值所在。

小资料

山东省高新技术投资有限公司

山东省高新投是山东省人民政府出资设立的国有独资公司，山东省创业投资协会会长单位，现有注册资本12亿元。

山东高新投主要投资领域为信息产业、机械制造、半导体芯片、光电科技、生物医药、新材料、环境科学等，是国内领先的大型基金管理型高新技术投资控股集团。投资对象为处于成长期、扩张期的高新技术成果转化项目、能够取得自主知识产权且有巨大市场潜力的中试项目、处于风险期的中小型科技企业项目以及用高新技术提升的传统产业项目。

目前已借壳鲁信高新，成功上市，成为中国创投第一股。

专家点评

通裕重工案例有以下三个方面特别值得关注：

首先，传统行业与科技创新的结合带来巨大市场机遇。通裕重工作为一家锻造企业，无疑属于传统重工业行业领域。然而，综观该企业十几年的发展历程，可以得到这样的启示：通裕重工产品不断创新、市场竞争力不断增强、经营绩效不断提升，离不开科技创新的巨大贡献。相对于互联网、通讯、媒体、生物制药、新能源等新兴行业，传统产业具有市场需求稳定、盈利模式清晰、经营业绩波动性小、资产清算损失率低等特点，通裕重工的案例进一步证明，如果把传统产业与现代科技进行较好的结合，也同样可以创造出高增长、高回报的良好投资机会。

其次，创业投资对满足中小科技创新企业的融资需求有着特殊重要的贡献。在我国，像通裕重工这样的中小民营科技企业，通常很难从银行渠道获得融资支持。创业投资在项目筛选、尽职调查、企业估值、投资契约安排、投资后管理与服务等一系列运作环节中，通过多渠道信息验证、企业估值动态调整、企业控制权的动态分配等制度安排，有效控制投资风险，使其风险与期望收益相匹配，从而能够以可持续的方式为中小科技企业提供融资。从宏观视角看，创业投资对于中小企业融资难问题提供了一种创造性的有效解决方案。

第三，投资后管理与服务对创业投资的成功至关重要。从通裕重工案例来看，山东高新投从企业商业计划调整、企业管理咨询、商业资源协助、后续融资安排、上市辅助等多个方面为通裕重工提供了帮助，充分证明了创业投资是价值增值型投资，是“聪明的钱”。事实上，投资后管理与服务是创业投资的价值创造手段，是创业投资区别于一般社会资本的重要特征，对创投的成功至关重要。

胡　波

中国人民大学风险投资发展研究中心副主任

创投中国

江苏维尔利环保科技股份有限公司（简称“维尔利”）成立于2003年2月，是一家专业从事生活垃圾处理和垃圾渗滤液处理的高新技术企业，为城市固体废弃物污染控制提供整体解决方案。

2008年12月，中国风投投资维尔利1000万元，持有维尔利14.8％的股权，为其第二大股东，也是唯一一个锁定一年的股东。

中国风投的介入，为维尔利公司实现高速成长奠定了坚实的基础。创业投资带来的不仅是资本，更重要的是帮助企业实现了规范治理、管理提升，乃至为未来的资本运作创造了难得契机。资金的注入让维尔利如虎添翼，企业快速发展，规模急速扩张。2010年，维尔利主营业务收入已达20975万元，比2008年增长了325％。

如今，维尔利已经成为国内第一家在2008新标准要求下完成1000吨/日以上渗滤液处理工程的企业，渗滤液处理总规模达到1.35万吨/日，位居国内第一，维尔利承接的国内大中型渗滤液处理项目市场占有率超过50％，并一跃成为中国垃圾渗滤液处理行业的龙头。

2011年3月16日，维尔利在深圳证券交易所创业板成功上市。按2011年3月31日收盘价衡量，中国风投所持维尔利股权价值28827万元，投资回报约为29倍，年均回报率为438％。维尔利的出现使人们看到企业在寻找商业契机追逐利益的背后，更担当着一份社会责任，我们要为其给子孙后代留下的蓝天碧水而拍手叫好！

三年大步走，乌鸡变凤凰

三年前，三间孵化器厂房；三年后，5000多平花园式办公厂区。

三年前，净利润42.84万元（2007年）；三年后，净利润4773.54万元（2011年）。

维尔利创造了行业之奇。人们无法想象，当年在常州国家高新区装修简陋的创新科技园办公的维尔利，几年后能发展成为垃圾渗滤液处理行业的第一股。

从一家名不见经传的小企业到行业龙头，中国风投的支持可谓功不可没。2008年12月中国风投入股维尔利，中国风投合伙人、高级副总裁孙集平女士在维尔利担任董事职务。

一个在风投圈中声名远扬，一个是行业龙头，如今看来，二者的合作可谓门当户对，珠联璧合，但当年，这项合作并未得到更多的看好。

2008年，时值金融危机爆发，当年12月更是金融危机展现其破坏力的时候。大多风投偃旗息鼓，待观其变。中国风投却逆道而驰，以1000万元认购维尔利新增的注册资本295.31万元。

“垃圾渗滤液处理是环保行业更加细分的子行业，市场才十几个亿。”当时渗滤液处理行业还并不为人所熟知，同行们对这一“草率”的投资行为也深表怀疑。

“我们几乎在最短的时间签完了所有合作协议。”对于当时的场景孙集平依然历历在目。事外人哪里知道，之前孙集平已经浸淫垃圾渗滤液处理这一细分行业两年有余。这也是中国风投一直以来的风格，在投资前做充分的行业分析，对垃圾处理行业以及渗滤液处理行业亦是如此，不仅做过深入的研究，并在全国范围内广泛寻找优秀的企业。

“这一技术一度成为世界难题。”孙集平介绍，垃圾渗滤液是垃圾处理过程中伴生的二次污染物，不妥善处理会对地下水、地表水和土壤层及周边环境造成严重污染。虽然经济环境一片阴霾，但是生活垃圾一样在以超出处理能力的速度增加，所以渗滤液处理行业在萧条的宏观经济下并无大碍。

所谓垃圾渗滤液是指垃圾在堆放和处置过程中由于雨水的淋洗、冲刷，以及地表水和地下水的浸泡，继而溶解和发酵而产生的二次污染物。由于中国垃圾处理方式目前以填埋和焚烧为主，因此更多的垃圾渗滤液产生于垃圾填埋场和垃圾焚烧厂。

中国风投认为渗滤液处理行业前景广阔。由于世界各国垃圾渗滤液产量巨大，致使垃圾渗滤液如何达标处理成为垃圾处理的关键环节之一。国外发达国家关注并大规模开展垃圾渗滤液处理始于上世纪50年代，在无奈和失败中探索多年，直至80年代随着膜处理技术的应用才真正得以突破。目前，国外垃圾渗滤液处理大多具有明确的处理标准，处理方式多采用“生化处理+膜处理”的组合工艺。

而在国内，垃圾渗滤液实现达标处理已刻不容缓。

首先是生活垃圾量巨大。《全国城镇环境卫生“十一五”规划》和《全国城市生活垃圾无害化处理设施建设“十一五”规划》曾预计，到2010年全国县城以上城市生活垃圾总产生量约为2.5亿吨，其中城市的生活垃圾产生量约为1.8亿吨/年（日均约为49.3万吨）；县城生活垃圾产生量约为0.7亿吨/年（日均约为19.4万吨）。

其次，垃圾渗滤液污染物组分复杂、污染物浓度高、重金属离子含量高，中国目前垃圾渗滤液日均产生量已超过12万吨，若不加以妥善处理，会对地下水、地表水和土壤层及周边环境造成严重污染，带来严重的水污染事故而危害生态环境。

2010年4月，安徽省六安市生活垃圾填埋场发生了一起垃圾渗滤液泄漏事件，对周边农田造成污染，并迫使附近村庄居民不得不被整体异地安置。而这只是近年来多次发生的填埋场渗滤液污染事件之一。

渗滤液由于成分复杂较难处理，国家对其重视程度也越来越大，上个世纪末国家的“863”计划就将垃圾渗滤液处理作为了攻关项目；并颁布条例，要求各地在建设垃圾填埋或焚烧厂的同时，配套建设一定规模的垃圾渗滤液处理设施。而当时，中国达到此标准的垃圾填埋场不足20%，渗滤液处理市场有极大的空间。

正是中国风投在该行业做了足够的功课，掌握了充分的信息，才敢于打出这颗子弹。

最是看中创业者

“企业规模小不怕，重要的是人。”作为早期项目，孙集平表示中国风投更看重团队。

在分析行业情况的同时，中国风投在全国范围内大量筛选该行业的公司，不久，维尔利进入了投资团队的视野。

首先令他们感兴趣的是，李月中和他的团队。中国风投特别看重一个团队灵魂人物是否有足够的胸怀与谋略，而李月中正符合这一标准。维尔利公司的董事长李月中“是一个儒雅的企业家，也是一名海归博士，不仅有技术、学术研究精神，脚踏实地，而且还能把技术与市场结合起来。对技术和市场具有很强的前瞻性”，孙集平如是评价。

在很多人看来，李月中从事环保产业是件再自然不过的事情。在同济大学，他本科读的是材料专业，研究生学的环保；留学德国克劳斯塔尔工业大学，获得环境工程专业工学博士学位，并在德国WWAG股份公司担任项目工程师，与这个行业结下了不解之缘。

博士毕业回国后，李月中曾在常州市环境保护研究所做过一年多的高级工程师，并曾担任WWAG中国垃圾渗滤液项目工程师、培训师。WWAG是德国一家先进的环保企业，在渗滤液处理领域有着较高的声誉。2003年WWAG

在常州出资成立维尔利有限责任公司，而李月中出任了维尔利的总经理。

2007年，WWAG公司对中国市场萌生了动摇和退缩之意，随即公司的经营出现了各种问题，市场滑坡、利润下降、人心浮动，德国WWAG公司最终做出了撤资放弃的决定。这时，李月中果断决定联合其他经营管理成员对维尔利公司实施管理层收购（MBO）。接下维尔利所有股份的则是由李月中任董事长的常州德泽环境技术有限公司。

此后，维尔利在李月中和他的管理团队手中重获新生，再次扬帆起航。李月中利用他20余年的环保专业工作经历、从WWAG获得的专利技术使用权以及他对市场敏锐的洞察力，开始带领他的团队开拓国内渗滤液处理市场，直至把业务做到大江南北，做到渗滤液处理市场的行业龙头。

“掌握技术，关注市场，还能放下身段聆听投资人给他的指导和建议，这都是很难得的，也是中国风投能够顺利与之合作的关键所在。而且李月中在与投资人合作的过程中也在不断学习，尤其在资本市场方面不断吸取知识。”孙集平在谈到这个案例时多次表达了对维尔利团队的欣赏。

中国风投投资时维尔利已有50人左右的团队，这个团队有很多人有海外求学经历，聚在一起做事业可谓斗志昂扬，齐心协力，专注于事，精益求精。团结务实、富有开拓创新精神、充满活力的领导集体，最终赢得了中国风投的驻足观望。

致力研发，创新博青睐

真正打动中国风投决心投资的关键，却是维尔利拥有独特的核心技术，以及源源不断创新能力。

维尔利视研发为推动自身发展的原动力，并已建立较为完善的技术创新体系。在招股说明书和交流时，维尔利表示“公司在引进、消化、吸收德国先进技术的基础上，结合中国垃圾渗滤液特点和客户需求，形成了自己的专有技术”，“维尔利已经不依赖于德国技术，已经掌握了核心技术”。

在李月中的带领下，这个具有海外留学经历的团队，运用国外习得的技术，致力于研发，使得公司现在不仅拥有WWAG和WUG（一家欧洲先进环保企业）的MBR（即膜生化反应器）相关专利、商标和技术等在中国内地的20年独家使用权，目前还拥有10项专利，2项专利申请获受理，1项独占使用的发明专利。

目前，维尔利的技术水平已处于国内领先的行业地位，产品技术含量高，综合技术实力强。其核心技术主要是分体式膜生化反应器技术；两级生化脱氮技术；高效好氧生化反应器技术；UBF厌氧技术；超滤膜分离应用技术；纳滤技术；卷式反渗透技术；浓缩液减量达标排放技术；PLC在线控制与监测技术；膜处理设施的系列化、标准化、集成模块化技术；中水回用技术等。

此外，维尔利拥有该领域的尖端技术，尤其是分体式膜生化反应器技术，开创了国内膜生化反应器工艺处理的先河，使公司走在了行业前端，更重要的是，维尔利为国内垃圾渗滤液处理解燃眉之急。

为鼓励技术创新，维尔利安排相当数量的预算用于研发，制定了研发人员绩效考核等制度，同时，维尔利还聘请国内外知名的环保专家组成顾问组，积极加强与国内外大学、科研院所的合作。

技术水平与业务能力均出彩

“企业是变量，不能只看一个点。渗滤液这个世界性的难题能解决，还怕市场得不到扩展？”对此，孙集平很有信心。

果然，此后维尔利在总处理规模和大中型渗滤液处理项目（渗滤液处理量500吨/日以上）数量上取得了“双第一”的业绩，后者数量达到8个。公司拥有10%的市场占有率，在渗滤液处理行业居于首位，并且已经开始与伊莱克斯合作，进军垃圾焚烧厂烟气净化业务。

维尔利依托核心技术，主要为客户提供垃圾渗滤液处理系统综合解决方案，即通过工艺方案优化设计和整体统筹，提供渗滤液处理工程施工、设备集成和销售、现场系统集成、调试运行，以及后续运营和相关技术咨询服务等，为客户的垃圾渗滤液达标处理提供高质量的一体化专业服务。

在维尔利承接的项目中大部分是属于像市政工程一样的大项目，但经常也遇到一些较小的项目，苦于公司人手不够没能力照顾小项目，公司为了开拓市场并不想放弃这些小项目，于是李月中和他的团队共同协商讨论最终设计出一个集装箱式的一体化解决方案，这样相当于把项目给标准化了，以一敌百，既提高了效率，又抓住了市场。

维尔利目前主要有三种运营模式：

（1）工程承包模式：这是维尔利经常采用的方式，但其有利有弊。优点是占用流动资金较少（大约是合同金额的20%）；缺点是这种模式下盈利不稳定，未来可预测性较差，一两个大单可能会改变一年的业绩。此外，在做工程过程当中，有技术泄密的可能性。

（2）集成化产品销售模式：维尔利的集成化产品主要是超滤、纳滤、反渗透三种集成设备。集成化产品的销售采用的是以销定产模式，买方多是渗滤液工程总承包商。这种模式的优点是可以同商务资源丰富但技术欠缺的合作者共同获取订单，可以对自身工程承包形成有效的补充，对技术保密也有利；但缺点是集成设备仍属于专用设备，因此订单也不是很稳定。

（3）委托运营服务：主要有两种，一种是对已经承建的项目与甲方签订未来数年的运营服务合同（“纯运营服务”），另一种是BOT模式。两种运营模式的区别主要在于BOT模式前期需要投入较大量的资金用于工程建设和设备采购。运营模式突出的优点是稳定性强，从城市污水处理厂的发展历史

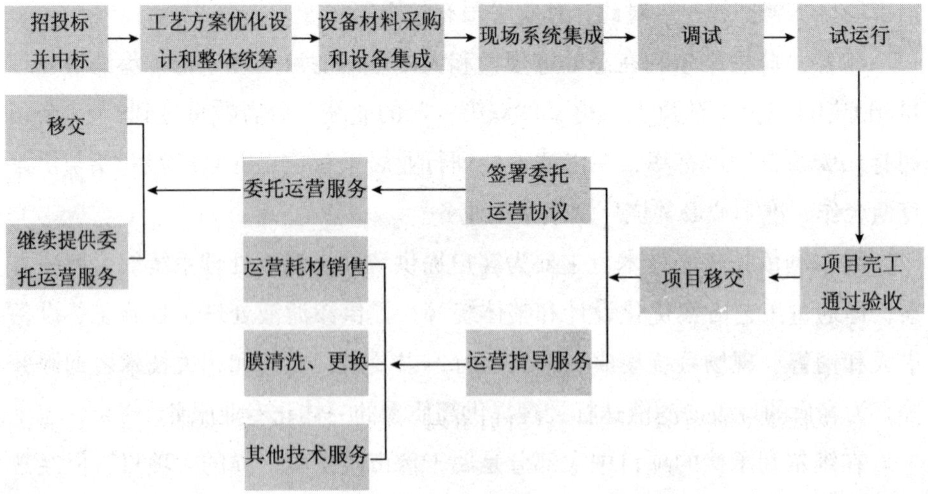

图1　维尔利业务模式图（资料来源：招股说明书）

看，未来运营权是可交易的“稀缺资源”。当然BOT模式比较突出的问题是前期需要投入的资金较多，对企业的流动资金压力很大，相比较而言，“纯运营服务”模式可能风险最小，对资本的消耗也最少。

合作与共赢

通过对渗滤液行业的全面调查和对行业内主要企业进行的现场调研和比较，中国风投认为维尔利环境工程（常州）有限公司行业地位突出，拥有专利技术，管理团队较优秀且具国际化背景，“工程承包+集成化设备+委托运营（含BOT模式）”商业模式可持续发展能力较强，是该领域相对最具有投资价值的企业，且进入条件合适。2007年10月～2008年9月新签订单约1.2亿元，成长确定性较高。

对维尔利而言，“单飞”的日子异常艰难，市场前景虽然广阔，可做科研、打市场，哪一样不要钱？然而，此时企业最缺的就是资金。引入中国风投这样的投资者可谓如虎添翼。

中国风投与维尔利的合作一拍即合。

“对于中国风投来说，投资的企业就是自己的伙伴，谁都愿意看着自己的伙伴逐渐发展壮大，所以中国风投希望的合作结果是双赢。”孙集平说。

在中国风投眼里，被投企业不是创投机构赢利的工具，而是同舟共济、风雨与共的伙伴。为此，中国风投进入维尔利后，作为战略投资者，多方面对维尔利进行了增值服务。在企业规范性运作方面，在资源的整合方面，中国风投借助自己独特的背景，不仅介绍中国风投之前投资的企业东江环保与维尔利合作，还在取得政府支持方面也做了大量的努力，帮助维尔利与当地政府协调争取土地。

除了维尔利有优秀的团队，成熟的技术之外，由于行业的特殊性所代表的社会责任感也是中国风投一直所追求的，因为投身环保事业是造福社会的大事。

资本本是逐利的，有利润的地方就有资本的身影。但是作为一家优秀的创投机构，中国风投并不仅仅单纯追逐自身利益最大化，它一直秉承着“支持创新者创业”的理念，中国风投将资本注入了更多的意义，它变身为一种媒介，把资本与企业联系起来，为企业为社会服务，打造和谐共赢的光辉。经过维尔利的用心经营和中国风投的竭力协助，维尔利的利润实现了迅速的增长。

表1 维尔利2007年到2010年上半年收入情况（单位：元）

项目	2010年1～6月	2009年度	2008年度	2007年度
营业总收入	91, 418, 263. 89	111, 649, 413. 35	49, 398, 171. 76	14, 419, 262. 62
利润总额	23, 911, 623. 66	31, 365, 532. 04	16, 455, 914. 46	774, 721. 33
净利润	19, 879, 484. 22	26, 493, 741. 73	12, 226, 510. 08	428, 415. 38
每股收益	0. 48	0. 74	0. 40	0. 06

（数据来源：招股说明书）

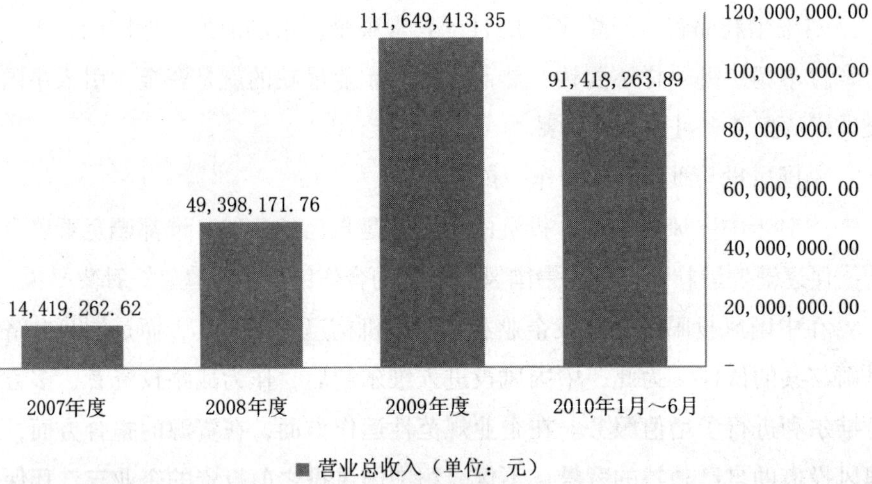

图2 维尔利营业收入

从2008年投资时与2011年上市前维尔利的主营业务收入相比，可以看出公司成长性符合2008年投资前的预期。据2011年维尔利公司招股说明书，2007年度、2008年度、2009年度和2010年1～6月，公司处于高速发展态势，2008年度和2009年度营业收入比上年同期增长242.58%和126.02%，主营业务收入比上年同期增长262.99%和128.74%，2010年1月～6月营业收入占2009年营业收入的81.88%，成长性突出。

2011年对维尔利而言是具有里程碑意义的一年。当年3月16日维尔利成功在深圳证券交易所创业板上市，并通过首次公开发行募得募集资金7.78亿元，扣除各项发行费用后，募集资金净额为7.24亿元。

此期间，中国风投对于中介机构的筛选、确定和协调，甚至人力资源的举荐支援方面做了大量的工作。

如今，维尔利上市已整整一年，公司借创投之力在创业板上扶摇直上。可以说，维尔利是中国风投臂弯下成长起来的青苗，而这只有力的臂膀继续庇佑着一个又一个的优质“种子”，待破土而出笑傲苍穹，中国风投就是处在这样一个过程中，周而复始，经久不息。

上市后的维尔利如鱼得水，借助在创业板成功上市的有利契机，充分发挥公司在技术、资本、品牌等方面的优势，继续专注于垃圾渗滤液处理行业，积极实施企业的快速扩张，基本实现了公司在业务规模、人员规模、新业务等方面的既定目标。

财报显示全年整体经营情况良好。2011年，公司新获垃圾渗滤液处理工程项目订单4.6亿元，较2010年实现了翻番的增长。2011年公司的员工规模也由2010年年末的130人扩张至2011年年末的205人，也几乎实现了翻番增长。

另外，公司在固废处理领域的新业务拓展工作推进情况良好。有机垃圾处理业务的人员、技术储备基本完成，潜在客户和项目持续跟踪，有望2012年参与具体项目的投标工作；土壤修复业务的技术在不断试验摸索、人员不断补充，有望尽快开展土壤污染调查工作；污泥处理业务的相关技术已启动相关试验，潜在客户和项目已开始搜寻。

各尽其才，相得益彰

术业有专攻。维尔利的海归团队在技术上有着无可比拟的优势，但资本运作和公司治理却并不是他们的强项。中国风投与维尔利的团队取各家之所长，打造渗滤液处理的龙头企业，可谓水到渠成。

维尔利能够取得今天的成功，得益于天时、地利、人和。所谓天时，2008年对于大多数行业和企业来说是冬天，但对于专注渗滤液处理等环保市场的维尔利来说却是春天，借着国家重视环保的东风，中国风投资本的介入，生机勃发；所谓地利，维尔利经过苦心经营，已经在渗滤液处理行业有了一定的影响力和市场地位，奠定了良好的基础；而人和是，经过2007年的动荡和整合，中国风投的协调治理，维尔利内部更和谐，获得的外部支持更多，客户也更满意。

现在中国的渗滤液处理形势依然严峻而且充满挑战，与传统生化法相比，维尔利的“MBR+纳滤”处理技术可有效提高出水水质，但浓缩液通常会回灌至垃圾填埋厂，导致COD和盐度的富集，上市后维尔利又成功研制解决了浓缩液的问题，但垃圾渗滤液处理技术和工艺路径仍需优化，所以维尔利还有较长的路要走。管鲍之交，历久弥新，我们也希望看到维尔利与中国风投携手共进，为中国的环保事业添砖加瓦。

小资料

中国风险投资有限公司成立背景

中国风险投资有限公司是由中国民主建国会中央委员会发起，民建会员企业家参股的以风险投资为主业的有限责任公司。

在1998年召开的全国政协九届一次会议上，民建中央提出的《关于加快发展我国的风险投资事业》提案，被列为大会“一号提案”，在国内引起巨大的反响，受到中央政府的高度重视和社会的普遍关注。民建中央自身更是大力倡导和积极推动我国的风险投资事业，并决定组建由民建会员企业家参股、以民间资本为主体的从事风险投资的专业性公司。

2000年4月，经国家工商局批准，“中国风险投资有限公司”正式成立。

专家点评

该案例投资的成功，是完全符合创业投资规律要求的投资行为及过程。我们可以从以下两个方面来理解。

其一是作为创业型的企业，一个科技型企业的创业成功，需要具备五个方面能力：科技创新的能力，即不但仅仅有科技创新的成果，更要有将科技成果转化为市场需要的产品，还要逐步形成内生的创新机制；商务模式先进及扩张的能力，即任何一项好的产品、好的服务、好的科技都要能够以最快的速度、最适当的时机、最适合的价格推向市场，这必须借助于商业模式的先进及其扩张的能力；公司治理构建及执行能力，即公司治理作为组织制度是科技创新价值按照市场需求不断推进的保障。我们观察到多少科技企业创业失败，并不是由于它的技术不好，又不是由于没有市场，主要是没有公司治理能力，往往在巨大市场面前，无法执行到位；社会资本运用的能力，即当如今资金满地的背景下，创业者善于将社会各类资金资本化运用好，是其创业成功动力燃料，有的甚至要多次融资，才能够达到胜利的彼岸；获得政府支持的能力，即在当今社会，不论是发达的资本主义国家还是发展中国家，政策对于新兴产业发展起到直接以及溢出的推动作用，环保科技及其产业的发展更是全球各国政府共同的使命和责任。显然，江苏维尔利环保科技股份有限公司具备了这五项能力。

其二是创业投资不同于证券投资，面对的创业过程的巨大风险，需要创业的管理团队能够去规避各类不确定性。为此，风险投资有一项铁律，即投资时第一是人，第二是人，第三还是人。类似江苏维尔利环保科技股份有限公司的科技水平肯定不在少数，关键是人，他们能够为了创业，逐步完善上述五项能力。这就是投资者的福分。不过选择到第一是人，第二是人，第三还是人的创业者，则是投资者的经验以及眼光决定。

祝贺中国风险投资有限公司投资江苏维尔利环保科技股份有限公司，并获得成功，也期望中国风险投资有限公司投资到更好的项目，江苏维尔利环保科技股份有限公司与中国风险投资有限公司更好互动，赢得更好的发展。

张陆洋
复旦大学国际金融系教授、博士生导师
复旦大学中国风险投资研究中心主任

创投中国

GEM 格林美

资源有限 循环无限

中国城市矿山资源开采第一股

随着循环经济等新理论、新思想的诞生和发展，除了传统的自然矿产资源之外，对于城市中产生的庞大数量废旧物资中所蕴含的丰富的矿产资源，也日益受到人们的重视，越来越多的人开始将目光放在了城市矿山之上。

2001年，深圳市格林美高新技术股份有限公司（简称“格林美”）成为一家顺势而生的企业，它秉承着“资源有限，循环无限”的产业理念，以其独特的经营模式，坐拥“城市矿山”，化腐朽为神奇，自主开发了具有世界先进水平的利用废旧电池、电镀废水等钴镍废料直接生产超细镍粉、钴粉的回收技术，通过对再生资源利用，公司做到了变废为宝，实现了真正的“低碳和绿色经济”，成为中国循环经济与低碳制造的领军企业之一。

2005年，在格林美成立3年多的时候，广东省粤科风险投资集团经过认真调研，决定对格林美实施首轮投资，投资金额为1364万元，持有格林美1918.28万股原始股。

2010年1月22日，格林美成功登陆深圳证券交易所中小板，开盘报52.18元，较发行价上涨63.06%，收市价56.71元，领衔当日上市的三只新股。格林美公司业务集循环经济、低碳制造、新材料于一体，被誉为“2010年中国循环经济与低碳制造第一股”，它的上市标志着中国A股进入循环经济时代。

广东省粤科风险投资集团的倾心相助成就了中国最大的以废弃钴镍资源和废旧电池为原料循环再造超细钴镍粉末的规模化企业，成就了“中国城市矿山资源开采第一股”，也为其自身带来了超额的收益：按上市首日收盘价计算，粤科集团共持有2214.22万股，市值达12.56亿元，投资回报率达92倍。

资源有限，循环无限

深圳格林美公司成立于2001年，是一家顺势而生的企业。它一直秉承着“资源有限，循环无限”的产业理念，自主研发了具有世界先进水平的利用废旧电池、电镀废水等钴镍废料直接生产超细镍粉、钴粉的回收技术，建立了一套由再生钴镍资源制造高端钴镍粉体材料的技术模式，通过将二次钴镍资源再资源化，生产钴镍粉体材料，替代以原矿为原材料的产品。在自主开发技术的基础上，公司在近年大幅扩大生产规模，完成了“再生资源——循环产品——替代原矿产品——替代进口产品——名牌产品”的市场化与品牌建设之路。

公司利用自己变废为宝的技术能力，致力于实现再生钴镍资源到钴镍粉体材料的高端循环，为社会创造着一种独特的价值，是经济价值和社会价值的完美统一，成为中国电子废弃物与废旧电池循环利用的技术先导企业，被先后授予国家循环经济试点企业、国家创新型试点企业、国家级高新技术企业、国家高技术产业化示范工程，成为中国循环经济与低碳制造的领军企业之一。

公司以其独特的经营模式，坐拥“城市矿山”，化腐朽为神奇，在中国经济向以循环和低碳为中心的可持续发展模式转变的大背景下，公司面临的成长空间巨大。公司业务最大亮点就是“变废为宝”，公司的原料主要来自公司已经在武汉、深圳等城市建立的多层次、跨区域的“城市矿山”开采网络。2011年一年，公司处理了4.5万余吨含镍、钴、锌等金属的危险废弃物，回收和处理钴镍等金属4,300余吨。公司打造“城市矿山”已初具规模，避免了过分依赖原生资源这一瓶颈。通过对再生资源利用，公司做到了变废为宝，降低了生产成本，减少了环境污染，实现了真正的“低碳和绿色经济”。

知识创业，成就梦想

一个成功的创业企业背后往往有一个优秀的团队，更有一个优秀的团队领头人。格林美公司的成长也是如此，格林美的成长史从某种意义上说也就是其董事长许开华博士的成功创业史。许开华博士，1966年出生，拥有冶金材料专业研究生学历，是中南大学兼职教授，曾在中南大学从事教学、研究。许开华博士不仅是一个具有商业头脑的知识分子，更是一个具有钻研精神的企业家。

许开华具有近十五年科技开发和成果转化经历，先后承担20项国家和省级科技攻关计划（包括2项“863”高技术发展计划），两次承担国家高技术产业化示范工程项目，曾与东京大学山本研究室进行短期合作研究（受聘高级研究员），在废旧电池、电子废弃物等二次资源循环利用领域拥有近110余项专利，获国家科技进步二等奖1项、中国有色金属工业协会科技进步一等奖1项、省级科技进步奖2项、第六届中国青年创新优秀奖1项和中国专利优秀奖2项、深圳市科技创新奖2项。

2001年10月，第三届高交会在深圳召开，许博士和他的创业团队通过高交会了解到无铅焊接材料项目有很大的市场空间，长年累月在该领域的研究让许开华坚定地认识到这是一个机会，于是他决定和朋友共同投资2000万元成立深圳市格林美高新技术有限公司，主要研发以无铅焊接材料为主的环境材料。在深圳市宝安区各级领导的关注下，格林美公司从设备安装到产品进入市场，一共只用了3个月时间。产品一进入销售阶段，就实现了几十万元的销售收入。

许博士认为资源有两种来源，一个是地下的，如矿石；一个是地上的，如可回收垃圾。走地下的路，深圳不行，深圳材料不发达，而且产业不配套。那就走地上一路，走新材料一路。工业越发达的地区，废弃物越多，废弃物就是好原料，这是深圳的优势，靠山吃山，靠水吃水，正好就地取材。

许博士在做人做事上一直信奉“踏踏实实做事，本本分分做人”。他认为，人可以有各种投资行为，炒期货或买房出租，但是作为一个科研人员，还是应该去搞技术创业，去发展产业。他说：“作为一位职业科技人员，把自己的科研成果迅速推向市场，从而产生更大的效益，是科研人员的职责，也是我的一个梦想。我相信多年积累的专业知识一定会变成我最大的财富。”也许正是这样的认识和觉悟，让许博士从一个普通的知识分子变身为出色的创业者、企业家。

在许博士的眼里，技术也是一种商品，并且是高附加值的商品。技术、专利、品牌，才是一个企业真正的实力和氛围。他们判断的是远期的经济效益，并坚信，在不久的将来，他们的所有专利一定都会有回报的。

许博士认为企业发展是一个渐进的过程。“我们公司搬了起码5次家了。刚开始开发的场地很小，就100多平方米。做完了想放大，就又租一个地方，然后再放大，再租一个地方。终于从100平方、1万元开始，发展到现在公司能投资七八千万的水平，拥有1万多平方米的厂房。”说到自己的工厂，许博士会喜上眉梢，而且他喜欢陪人参观他的循环技术分厂，他经常会出神地看着工人们把一袋袋废旧电池、一桶桶电镀废水有序投进生产车间，而车间的另一端流出的是具有高科技水平的超细钴粉和镍粉。在这一刻，在车间里，许博士看到了自己的梦想变为了现实。

做技术的人不忽视市场的重要性是很难得的一个优点，许开华不仅只低头忙技术攻关，也抬头看市场的道路。他虽然拥有博士的头衔，但仍然可以从最基层的推销员做起。“不要想到你是博士、你是教授，你什么都不是。你来卖产品，对方就是你的上帝，你就是一个推销员。”

“有一次我们去等一位老总，在人家门口等了三四个小时，人家回来了，已经是晚上12点多了。然后和人家见上一面，递上名片、资料，谈一谈。回来已经是凌晨3点多了。这位老总见一个博士上门等了这么久，很感动。第二天就打电话给我们，说要来考察我们公司。”

在工作上许博士兢兢业业，而在生活中，许博士是一个简单务实的人，他经常穿着随意，办公室装饰简单，来回的交通工具只是一部公用面包车，在谈到个人享受时，他讲到：“我们赚的钱都投到技术创新上了。我比较喜欢追求技术上的进步，想不断创新，从基础上创新。”

作为一名博士、教授，创业的本钱不在于刚开始有多少钱，而在于他的智慧和大脑，他的技术和专利储存在大脑里，这才是他真正的本钱，随着创业的推进，他的价值得到了真正的体现。

联姻粤科，插翅腾飞

广东省粤科风险投资集团（以下简称“粤科集团”）成立于2000年，十几年来坚持以投资广东创新型中小企业为重点，以“做特、做精、做强”为发展策略，以培养优秀创业投资人才为基础，构建了良好的发展平台，建立了“开拓、求实、严谨、高效”的企业文化。

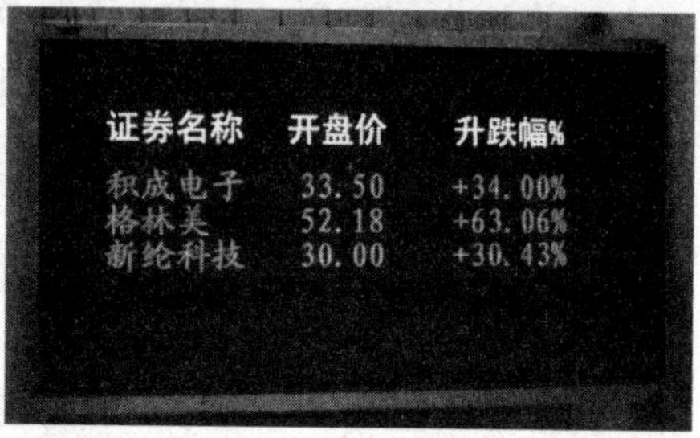

图1　格林美等三家公司上市首日开盘

自成立以来，粤科集团实现了年年盈利，管理的创投资本从3亿元增加到30亿元，直接培植了“格林美”（SZ.002340）、“广东鸿图”（SZ.002101）、“顺络电子”（SZ.002138）、“广东榕泰”（SH.600589）等中国著名的品牌和上市公司，获得了丰厚的投资回报，也为广东省的创新产业和资本市场的成长作出重要的贡献。在2010年广东省委、省政府表彰的广东省100强民营企业中，粤科集团投资、扶持过的企业就有4家。粤科集团在广东这片创新的热土上，担当了挖掘优秀中小企业资源的伯乐和扶持创新型中小企业成长的益友良师。

2005年，在格林美成立3年零9个月的时候，粤科集团经过认真调研，决定对格林美实施首轮投资，投资金额为1364万元人民币，持有格林美1918.28万股原始股。

粤科参股格林美公司后，顿时解决了企业的资金制约，充分激发了企业积累多年的潜能，促使其进入大规模生产，走上了发展的快车道。资金的输入也增强了公司的研发水平，比如格林美自主开发生产的类球形的超细钴粉材料等多项产品在性能上能够替代以原矿为原料的产品和进口产品，有利于提高下游产品电池的寿命和硬质合金的强度，具有优异的性价比。公司的多项产品获得了国家及广东省重点新产品称号，“循环技术生产的球状和针状超细钴粉材料”（2006年）、“循环技术生产低密度多孔隙钴片”（2006年）被授予国家重点新产品证书；“格林美牌金属钴粉”被授予“广东省名牌产品”和“湖北名牌产品”称号，在行业中享有较高的知名度。目前公司已建立起覆盖全国主要市场的销售网络，与硬质合金和粉末冶金行业的前五大用户建立了稳定合作关系，拥有一批较稳固的客户群，各项产品的产销率都超过了95%。

格林美公司的主要产品中，钴粉年产能550吨，市场占有率7.34%；镍粉年产能250吨，市场占有率2.63%；公司钴粉、镍粉市场占有率均居国内厂商第二位。

经过这几年的建设与发展，公司的技术研发能力和已经建设的产业化条件为今后的长期可持续发展奠定了良好的基础，格林美公司已经在中国镍、钴二次资源循环利用方面取得了显著的成就。目前，公司成为国家循环经济试点企业、国家火炬计划重点高技术企业，是深圳市和湖北省循环经济示范企业；公司荣获广东省知识产权优势企业和深圳市知识产权优势企业称号；公司的“循环技术生产超细镍钴粉体材料”获得2007年广东省科技进步二等奖；公司的“失效镍钴材料的高效循环关键技术研究”被列为2007年度国家“863”计划资助项目；公司是国家高技术产业化示范项目的承担单位，并被国家发改委列入国家循环经济示范项目，是国家产业政策鼓励发展的“资源节约型、环境友好型”的高新技术项目；公司还主导了5项国家标准和3项行业标准的制定，参与了2项国家标准的制定。

粤科创投，保驾护航

粤科集团进入格林美公司后，为格林美公司提供了极有价值的增值服务并带来了众多资源。

同舟共济，资源共享

在许开华博士的眼里，粤科集团是一家负责任、肯承担的专业投资机构，粤科集团的高层领导，不但是战友，更像是兄长、师长。许博士经常提在嘴边的是这样一个细节：在下游行业面临调整，上游原料价格随着国际市场的变化而大幅波动的背景下，市场的瞬息万变给企业的生产和销售带来了考验，就在以许开华为首的经营班子顶着巨大的压力，为了突破这一困境，绞尽脑汁制定经营方案、千方百计开拓市场的时候，许博士收到了粤科风险投资集团何国杰董事长的电话……亲切的询问，热诚的探讨，真切的关怀，让许博士感到一股暖流在心中涌动，同时粤科与格林美的领导班子开始积极探讨解决困难的办法，许博士积压在心中的压力转化为了动力，公司的业绩也渐渐有了起色。因此许博士经常说："有了创投股东的理解和支持，再难的难关我们也能闯过！"

粤科集团借助省属企业的背景，积极协助格林美公司申报各项产业/科技基金等政府资金资助、取得各级政府部门等外界的支持。原深圳市委书记李鸿忠在深圳时就因风险投资论坛等与粤科风险投资集团的领导层有过沟通与合作，也因此知道深圳有家从事循环经济的企业，是粤科集团参股投资的。2007年，李书记调到湖北任职，在任职之初，就冒着严寒来到荆门格林美视察，并幽默地说："我也和大家一样从深圳来湖北打工的！"从深圳到湖北，各级领导都对格林美公司给予了很大的关怀。李省长表示，支持格林美发展循环产业，并当场要求随行的省环保局领导为格林美公司在湖北省开展废旧电池回收体系的建设提供相关支持。

指导公司战略，理顺治理结构

粤科集团作为股东，在股东会、董事会的层面积极出谋策划，就公司的发展战略、发展规划等进行沟通、交流，出谋献策，帮助格林美公司完善经营管理的各环节。粤科风险投资集团还帮助格林美公司完善股东结构，规范董事会和监事会的运作，为企业进一步融资建立了良好的平台。

在企业战略发展上，粤科集团的高层领导在投资之初，就显现出高度的战略思维和战略眼光。2005年，在与格林美公司各股东及经营班子充分沟通格林美公司未来发展的蓝图后，粤科集团何国杰董事长明确提出在荆门购买当前生产所用和预留未来上市发展所用土地的建议。当时部分股东及经营班子心存疑虑：一方面，现有的土地能支持企业近年的生产经营，另一方面是企业的资金不是十分充裕。粤科风险投资集团鼓励企业要志存高远，要有长远的目标和眼光，同时，粤科集团在周转资金上对格林美公司给予了大力支持，从而促使企业以极优惠的价格新征土地200亩，解决了格林美公司未来扩大生产规模的后顾之忧。在格林美股份公司申报上市的过程中，这一在当时显得有些超前的决策显现出了它的战略布局与果断决策，格林美公司新征的土地有效解决了募集资本投向的土地需求，既解决了企业发展用地之急，又拓宽了企业未来的发展空间。

在2008年1月国内资本市场低迷的情况下，粤科集团支持格林美股份公司提出的定向私募增资计划，并发挥自身在风险投资业界的人脉优势，使该增资计划在短时间内受到了如广东粤财投资公司、深圳同创伟业公司等众多投资机构的踊跃认购，募集了6000多万元发展资金，使企业的经营效益上了一个新台阶。

针对格林美公司治理结构和财务管理等方面存在的不足，粤科集团协助企业建立各项企业管理的运作与制度，从财务付款审批流程、费用报销制度、固定资产管理制度等方面对公司财务管理进行规范管理，同时规范公司的业务往来及关联交易，加强成本核算、税务筹划等，为格林美公司的进一步快速健康发展奠定了基础。

鼎力支持，推动上市

粤科集团一直鼓励和引导企业走上市融资的道路，让企业意识到要实现持续快速发展的长远目标，改制上市是必由之路：一方面打通资本市场的融资通道，是解决发展资金需求的最佳途径，另一方面股改上市对公司所进行的各项现代企业制度的实施，将全面提高格林美公司的企业管理水平，从而全面提升格林美公司的市场形象和竞争地位。在格林美公司的努力和各股东的积极配合下，在2006年年底，格林美公司整体改制为股份有限公司。

改制为股份公司后不久，粤科集团注意到格林美公司中存在深圳与荆门股东及利益主体不完全一致的问题，有可能存在阻碍业务发展及一体化管理等风险问题。粤科集团根据多年的从业经验，对此股权结构方面的问题进行了充分的分析论证，提交格林美公司股东会研究，并力促格林美公司收购其他股东持有的荆门格林美的股权，使荆门格林美成为格林美股份公司的全资子公司，使公司在上市申报前拥有更加完整的产业链及业务构架，减少了上市申报过程中的法律风险，解决了上市募集资金投资及管理安全性问题。

2010年1月22日，格林美公司成功登陆深交所中小板，开盘报52.18元，较发行价上涨63.06%，收市价56.71元，领衔当日上市的三只新股。粤科集团持有格林美1918.28万股原始股，股权按市值增值超过了10亿元。格林美项目的成功运作充分体现了创业投资资金的充足投入和有效运营，创业投资机构的全面、到位的增值服务。创业投资为格林美公司插上了腾飞的翅膀，而格林美的腾飞也使得创业投资机构摘得了丰硕的果实。

立足现在，展望未来

格林美处理回收含钴镍的废弃物，主要产品是超细钴粉和超细镍粉，这同其他依靠矿山的企业产品相同，却有很大的不同之处，它的最大亮点是依靠“城市矿山”变废为宝，同时，格林美还具有其他一些特点。

极强的竞争优势

格林美从事废弃物处理还原生产钴镍粉体，目前在国内还没有同行从事这一业务，同行产品的供应商都是原矿加工生产商，而格林美依靠的是“城市矿山”，其成本结构不同，无法直接比较，公司的处理废弃物粉体制备技术和还原金属性能技术决定了公司可以先期进入市场并占领市场。在此基础上，建立自己的回收体系，从而长期占据钴镍废弃物回收市场。当然，建立回收体系需要政府的推动和社会的支持。

极高的成长性

成长性重要的指标之一是净利增长率。如果一个公司净利得不到增长，但营业收入和盈利都很可观，该公司就碰到了创投业界所称的“天花板”，也就是成长不上去了。一般情况下，净利增长率在30%算是高增长，创投要求会更高些，保底线为30%，而格林美在接受粤科投资后，净利增长率一直保持很高的水平，是一家具有很高成长性的优秀企业。格林美2005年接受粤科投资以来的净利增长率如图2所示。

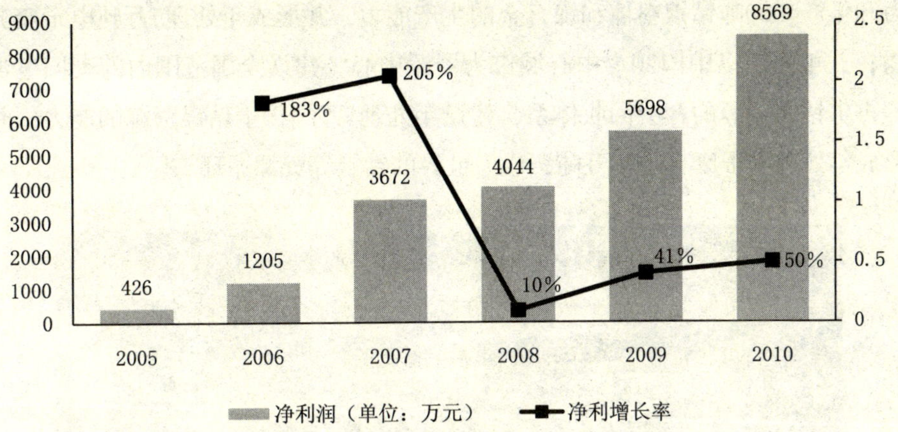

图2　格林美净利润及增长率

稳定的毛利率

尽管钴镍的价格波动剧烈，但是公司的原料是按照即时金属价格的一定百分比例确定的，所以尽管终端产品的价格波动剧烈，但是毛利稳定，不影响公司的盈利能力。从2006年至2009年，公司的毛利从25.4%稳步小幅提高到30%以上。

充足的资源

格林美依靠“城市矿山”，优势的原料永不枯竭，不用像同行一样四处寻找矿山开发，避免了成本的波动，利润稳定，并且在一定程度上，受到政府和社会的环保意识的推动，符合建设资源节约环境友好型社会的社会需要，在建立回收体系上阻力不大，而且，收购成本有长期小幅下降的空间和可能，公司希望自建体系回收物的原料占比能够占到20%左右。

因此，格林美是一个具有竞争力的、利润稳定的、市场前景广阔的朝阳企业，在它的身上，我们看到了经济价值和社会价值的完美结合。在未来的发展上，格林美公司也显示出了一个优秀企业的品质。

在粤科集团的规划和策划下，格林美制订了公司的发展战略和规划：三年内，以深圳和武汉城市圈为资源中心，建立深圳和武汉城市圈的废旧电池等再生钴镍资源的社会收集体系，达到年处理30000吨再生钴镍资源的处理能力和年产4000吨钴镍粉体和镍合金的生产能力，并形成年处理5万吨电子废弃物；五年内，以中国20个中心城市为资源中心，建设全国范围内的废旧电池等再生钴镍资源的社会回收体系，建设年处理5万吨再生钴镍资源的能力，并形成年处理电子废弃物10万吨，成为世界的钴镍等资源循环工厂之一。

城市矿山，终成宝贝

“不积跬步，无以至千里；不积小流，无以成江海。”每一分成功都是汗水的凝结，每一个质变都是量变的积累。站在创业投资的角度，通过对格林美项目的分析，我们可以看出，以下几个方面对企业的发展和创投投资的成功有着至关重要的作用和巨大的影响。

优秀的管理团队是成功的关键

格林美公司的董事长许开华博士无疑是格林美管理团队的核心，是企业成功的关键，他在技术上有过人的成绩，具有近十五年科技开发和成果转化经历，先后承担20项国家和省级科技攻关计划，两次承担国家高技术产业化示范工程项目，曾与东京大学山本研究室进行短期合作研究，在废旧电池、电子废弃物等二次资源循环利用领域拥有近110余项专利。此外，许博士还是一个优秀的管理者，他聚集了一批经验丰富的高管成员，组成了一支优秀的精英团队，也正是这样有技术有能力的领导人和这样一支优秀的管理团队，吸引了粤科的资金投向，促进了企业的长足发展。

企业的经营模式和竞争优势是发展的根本

格林美独特的经营模式吸引了众多投资者的眼球，它打造的“城市矿山”现已初具规模，避免了过分依赖原生资源这一瓶颈。通过对再生资源利用，公司做到了变废为宝，降低了生产成本，减少了环境污染，实现了真正的“低碳和绿色经济”。“城市矿山”不仅受到了粤科、同创伟业这样优秀创投机构的青睐，也符合了国家政策的需要，顺应了时代的发展，这不仅仅是它的经营模式，同样也是它最大的竞争优势，是使格林美区别于其他同行业的最大亮点。从这方面来看，粤科投资格林美，不仅“投”对了人，也“投”对了经营模式，从投资的那一刻，也就注定了创投的成功。

顺应行业的发展和政策的支持是企业长存的保障

格林美公司秉承“资源有限，循环无限”的产业理念，创立了“从废弃物收集—循环产品再造—替代进口产品—行业名牌产品”的高端循环模式，致力于从废弃物到高端、高附加值产品的循环再造，实现了从再生钴镍资源到超细钴镍粉体高技术产品的循环再造过程，成为国内废旧钴镍资源回收再利用行业的先行者和领导者。在中国经济向以循环和低碳为中心的可持续发展模式转变的大背景下，公司的循环模式无疑是顺应了时代的发展，从而也得到了国家政策的大力支持，在建立开采网络等诸多方面政府大开方便之门，因此公司面临的成长空间也是巨大的。

经验丰富的创投机构是企业发展的引路人

自成立以来，粤科集团屡获殊荣：2001～2004年，粤科集团连续被业界评选为国内风险投资机构综合实力前五名；2005年、2006年被评选为“最佳风险投资机构”（共8家）；2009年～2011年，粤科集团分别荣获中国技术创业协会设立的“科技投资收益奖”、“科技产业投资奖”和“科技投资业务创新奖”；2011年，荣获中国投资协会创业投资专业委员会颁发的“优秀创业投资机构银奖”。2005年，粤科集团董事长何国杰被授予“全国十佳风险投资家”称号；2006年在中国风险投资论坛上被授予“推动中国风险投资事业发展特别贡献奖”；2010年，被中国投资协会创业投资专业委员会授予“优秀创业投资家金奖”；2010年，何国杰董事长带领的团队获得业界权威机构颁予的“2010中国风险投资十佳卓越管理团队奖”。2010年，粤科集团投资项目深圳市格林美高新技术股份有限公司荣获中国投资协会创业投资专业委员会颁发的“优质创业投资案例金奖”……这些成绩奠定了粤科集团在国内创业投资业界的领先地位。2005年9月始，粤科集团参股深圳市格林美高新技术股份有限公司，成为格林美的第二大股东，这不仅缓解了格林美的资金紧缺问题，还与创业股东共商发展策略，完善公司管理，帮助格林美走上发展快车道。优秀的企业与经验丰富的创投完美结合，不仅促进了企业的快速发展，也为创投机构带来了丰厚的回报。

综观此项投资，我们能够发现，格林美项目投资成功的关键在于粤科集团掌握了时代发展的潮流，行业发展的动态，发现了格林美优秀的创业者和独特的经营模式。在这个“全民PE”的时代里，创投业内普遍认为创投行业将经历一场大浪淘沙的洗牌过程，只有坚持做创业投资，投资那些真正的、具有高成长性的、符合市场需要的初创企业，专业地做好增值服务的创投机构，才能帮助那些真正需要帮助的创业企业，才能形成自己的核心竞争力，才能屹立于创投行业的不败之地。

小资料

城市矿山

“城市矿山”是对城市生产生活中产生的废弃资源涵蕴的丰富可再生利用资源的形象比喻。经过工业革命300年的掠夺式开采，全球80%以上可工业化利用的矿产资源，已从地下转移到地上，并以“垃圾”的形态堆积在人们周围，总量高达数千亿吨，并还在以每年100亿吨的数量增加，正成为一座座永不枯竭的“城市矿山”，而且“城市矿山”要比天然形成的真正矿山更具开发价值。

有资料统计显示，1吨废旧手机可提炼400克黄金、2.3公斤银、172克铜；1吨废旧个人电脑可提炼出300克黄金、1公斤银、150克铜及近2公斤其他稀有金属。目前我国电视机、冰箱、洗衣机的社会保有量分别达到3.5亿台、1.3亿台、1.7亿台。这些家电产品多数是20世纪80年代中后期进入家庭的，以10年至15年使用寿命估算，从2003年起，我国每年至少有500万台电视机、400万台冰箱、500万台洗衣机要报废。我国全社会电脑保有量近2000万台、手机约1.9亿部，这两种电子产品更新速度比家电产品要快得多，大约已经有500万台电脑、上千万部手机进入淘汰期。此外，我国电池年消费量超过80亿只，其中大量废电池被丢弃，得到回收利用的不足5%。

如此大规模废旧商品中蕴含的可加以利用的再生金属含量及其市场前景巨大。根据中国有色金属工业协会再生金属分会最新统计，2012年中国再生金属产品产量将达到800万吨。而根据相关规划，到2015年，中国主要再生有色金属产量将达到1200万吨，其中再生铜、再生铝、再生铅占当年铜、铝、铅产量的比例将分别达到40%、30%、40%左右。

随着循环经济等新理论、新思想的诞生和发展，除了传统的自然矿产资源之外，对于城市中产生的数量庞大的废旧物资中所蕴含的丰富的矿产资源，也日益受到人们的重视，越来越多的人开始将目光放在了城市矿山上。围绕着仍在不断增多的隐形矿藏，一些公司正在尝试新的开采模式。新的模式并非没有门槛。这些公司首先需要掌握一定的技术专利，以便能以较高的效率利用废弃资源循环再造高附加值产品。这一点足以让他们和众多简单的废物回收利用公司区别开来，并保持较高的毛利率。另一方面，和传统矿山的开采模式一样，在正式挖掘之前开发公司们同样需要跑马圈地。但由于城市矿山完全区别于传统矿山的特点，他们不再需要通过政府授权划定开采范围和年限，而是创造了新的圈法——建立相关废弃物原料的社会收集渠道和网络。这个网络的完善程度和范围大小，决定了这些公司原料供应体系的稳定程度。

和一次资源矿山的开发相比，现在的城市矿山开发还只是“毛毛雨”。

但那些数量仍在不断减少的矿山究竟还能开采多久？如果这个问题的答案并不让人乐观，那么，大大小小的公司为城市矿山而疯狂的情景或许就会在不久的将来出现。

专家点评

格林美最大的特点及优势不像其他公司追求有限的资源以获得利益回报，而是独辟蹊径，瞄准“城市矿山”，大力发展循环经济。这是我国构建“两型”社会的重要举措，长期来看资源回收行业蕴藏巨大价值，将取得快速发展，成为最有活力的行业之一。

环保产业的发展目前还没有很好地从上游到下游的梳理，有些产业链还没有打通，在这种前提下，细分行业龙头具有全产业链建设、上下游及横向综合发展的特点，可以带动产业的整体发展。“巧借资本市场的东风”，粤科集团的进入大大加速了格林美在成功之路上前进的步伐，解决了企业的资金制约，充分激发了企业积累多年的潜能，建立起覆盖全国主要市场的销售网络，市场占有率跃居国内第二位。此外，格林美董事长许开华先生充分发挥了自己的专业特长，坚持自主创新，强有力的资金支持也助推了公司研发水平的提升。

这项投资的成功可以说是水到渠成，一个拥有核心竞争力并且能够在一个有着美好发展蓝图的行业中保持稳定增长的企业，在得到了可以助其腾飞的创投扶持后，实现双赢。

阚治东
东方汇富创业投资管理有限公司总裁

创投中国

久盛联西结　资本助推广电技术升级

四川西结微波科技发展有限责任公司（简称“西结微波”）是一家专业从事数字电视系统设备研发、制造和系统集成的高科技公司，拥有四项专利，主要经营团队从事广电行业近十年，产品销售已遍布国内三四十个县市区，拥有丰厚的行业背景和客户资源。

久盛创投对西结网络（西结微波的前身）从行业前景、团队、市场营销模式、核心技术、竞争对手SWOT分析后，于2007年3月，与西结网络、绵阳科发集团共同出资，组建西结微波。久盛创投分别于2008、2009年两个阶段对西结微波注资各300万元。

除了资金支持外，久盛创投还提供了公司规范治理、市场开拓等一系列增值服务，使西结微波得到了爆发性增长。仅仅四年时间，西结微波从最初的销售收入386万元，净利润36万元，到四年后的年销售收入过亿元，净利润达到1400余万元，盈利能力也得到显著提升。

西结微波前世今生

四川西结微波科技发展有限责任公司是一家专业从事数字电视系统设备研发、制造和系统集成的高科技公司。前身是1999年10月成立的西结网络，成立初期，公司成员就具有很强的专利意识。2002年至2006年四年间，公司共获得了四项专利，有“有线电视可寻址收费管理系统防盗接装置”专利，“有线电视可寻址动态管理系统防盗接装置”专利，“数字有线电视接收装置”专利，“数字电视接收装置”发明专利。

图1　公司员工正在做产品调试

西结网络主要经营团队从事广电行业近十年，他们在该领域的产品销售已遍布国内三四十个县市区，拥有丰厚的行业背景和客户资源，这些良好的客户资源是项目产品（国标地面数字电视产品）有利的平台。此外，公司同一控制主体下的关联企业（股东单位之一）生产的有线电视可寻址用户管理系统终端控制器、有线电视系统双向用户放大器匀获得广电系统入网许可证，并且在2007年已获得国家信息产业部无线电发射设备型号核准证。这种行业资源优势是公司进行项目市场开拓的有利条件。

随着我国大力推行数字电视产业发展，国内数字电视相关产品的市场空间巨大。为了加大销售投入，扩大销售渠道，灵活销售方式，提高市场占有率，积极加强资金回笼，加快实现资本的积累，西结网络开始寻求资本合作，以取得资金的有力保障。久盛创投就是在这样的背景下加入西结。

久盛创投探究西结

素有“富乐之乡”、“西部硅谷”美誉的绵阳，是我国重要的国防科研和电子工业生产基地，有着雄厚的科技实力，是国务院批准建设的中国唯一的科技城。在与金融结合方面，绵阳市起步很早。2002年，为支持绵阳科技城科技型中小企业发展，四川省科技厅和财政厅就出资设立了高新技术创业投资基金，额度为5000万元，交绵阳科技城科技型中小企业技术创新资金、高新技术风险投资资金管理中心（简称“两金”管理中心）管理。这是国内较早的由政府部门设立的专业创业投资机构之一。

久盛创投是经绵阳市政府批准，由绵阳科技城投资发展（集团）有限公司、“两金”管理中心共同出资组建的有限公司。久盛创投是绵阳市唯一一家国有创业投资企业，是四川省第一家实现备案管理的创业投资企业，是首批获得国家创业投资引导基金资格认证的创业投资机构，同时也是四川省第一家该类型机构。公司注册资本1.6亿元人民币。

久盛创投把目光聚焦到西结网络身上后，对其进行了系统详细的调研，发现它是一个处于成长期的高科技企业，在诸多方面都有着自身的优势，其中最突出的是它的创新意识。

行业前景广阔

在我国近4亿的电视用户中，除了1.6亿是有线电视用户之外，其他两亿多户收看电视的主要方式就是地面电视，因其涉及面广、影响大，地面电视的数字化难度也比较大。2008年我国的地面数字电视正式开播，由此启动了我国地面数字电视的新篇章。同时，地面数字电视也被列入了工业和信息化部的《“十二五”产业技术创新规划》，行业前景非常广阔。

经验丰富的团队

西结网络公司拥有一个优秀的管理和技术团队，主要的团队技术带头人在广电行业均具有超过十年的经验，在产品研发、工业生产、市场营销、资讯收集、人事关系等各种岗位上具有直接的技术与丰富的经验。

公司的企业法定代表人黄舒梅，具有多年的银行工作经验，熟悉资本市场的运作，具有多年的金融行业工作经验。

研发部总监黄东，负责数字电视发射机开发。1992年7月毕业于成都电子科技大学应用电子技术，之后在四川科鹰电子有限公司任技术开发人员。期间先后组织开发DFTK-1型电力复合监控系统、1400兆调频微波传输系统、2500兆调频微波传输系统、多路微波分配系统；参与开发了有线电视集线器、QPSK调制器、COFDM调制器等。2006年6月至2007年3月，在绵阳西结网络设备有限责任公司任技术开发人员。期间主要参与开发“CATV防盗接可寻址动态管理系统”项目。

系统工程设计及项目实施刘小民负责发射天线开发，具有三十多年的广电系统工作经验。他曾利用模拟微波MMDS发射机，经过简单的设备技术改造采用64QAM调制方式，传输数字电视信号30套。后来因当时（2001年）机顶盒的价格太高（680元/台）而暂停发展用户。之后在媒体发表了题目为数字电视成功应用的文章，受到了上百家广电部门和厂家的极大关注，前来参观考察学习的广电部门及厂家有近百家。2003年10月该文章被中国第二届数字电视论坛收编为论文集。2004年成功将数字MMDS系统传输方式应用于宁夏回族自治区大面积解决用户覆盖。

软件开发、工程实施和生产总监曾言，负责软件、工程及生产。他2005年北京交通大学计算机与信息技术专业硕士研究生毕业。任绵阳西结网络设备有限责任公司软件和售后服务部经理；2007年3月至今，任四川西结微波科技发展有限责任公司软件开发、工程实施和生产总监，完成了公司“数字电视条件接收系统（CAS）、用户管理系统（SMS）、发射机远程监控系统”开发工作。

图2 公司参加绵阳市全市地面无线电视覆盖会议

创新的市场营销模式

西结网络的市场营销模式，尤其吸引久盛创投的眼球。当时公司采用两种灵活的营销模式，一是对公司的成熟市场区域采用直接销售模式，以巩固公司的市场根基，奠定公司的市场网络建设基础；二是对相对竞争大的陌生市场区域采用代理制的销售模式，这些地区的客户对公司而言服务半径大、营销费用高，而当地的代理商与他们则有多年的合作基础，能对风险和利润进行准确的评估，这种代理制的模式利用了更多的市场资源，既降低了公司的营销费用，又规避了货款回收的风险。

公司的营销战略是稳妥有效的，运用“确定一个发展一个，再由一个带动多个”这种以点带面的营销战略来拓展市场，有计划、有步骤地开拓销售渠道，达到最终取胜于市场的目的。除此之外，公司还积累了丰富的工程经验，覆盖四川、安徽、陕西、江西、云南；公司有广大的客户群，包括广西、深圳、云南、湖北、山西、广西等电视台总共56家。

公司有稳定进货渠道，且保持长期的合同关系，并有较好的购销利润空间。基于公司专业的售前售后服务支持、周到细致的方案设计、精益求精的系统实施，公司在客户群中拥有相当不错的口碑，曾经享受过公司专业服务的各级客户遍布19个省市，多达60余家。

拥有自主知识产权的核心产品

西结网络在地面数字电视工作方面稳步进取，在频率规划和组网建设方面，以及相应配套标准的制定方面都取得了发展，计划落实也有条不紊地进行。其地面数字电视得到了政府的大力支持，应用和前景都是可瞻的。

西结网络的关键技术拥有自主知识产权，并取得国家广电总局的入网证书和通过“ISO9001：2000质量体系”认证。公司是中国广播电视设备工业协会会员单位，是绵阳市重点扶持“科技创新型企业”，是两届“C1峰会”核心企业。

公司基于近十年服务中国广电背景，前瞻广电信息化发展方向，是一家专业从事国标地面数字电视（CTTB）、移动多媒体（CMMB）传输设备研发制造、系统设计集成、项目投资运营等方面的高科技企业。

此外，公司的发射设备具有指标优秀、运行稳定、环保节能等突出的特点，满足了客户在稳定性方面的需要，同时，也能为客户带来显著的经济效益。目前，仅在绵阳地震灾区、玉树地震灾区中稳定运行的发射设备就超过100套。另外，公司拥有9项核心技术，多项技术专利，其雄厚的技术优势不可小觑。

西结微波与四川同行优劣势对比

在同行业里，四川西结微波的竞争对手主要有4家，分别是成都新光、成都康特、成都成广和成都凯腾四方。他们都是行业内实力较强的老牌企业。5家企业的优劣势如下表所示：

表1　西结微波与四川同行优劣势对比分析

竞争对手	优势	劣势
成都新光	微波领域影响力较强，较强的资金实力。	UHF段发射机市场及客户反馈不好，发射机稳定性及可靠性较差。
成都康特	国内知名度较高，产品链较完善。	公司主要产品及优势集中有线电视网络产品，数字发射产品相对较弱。
成都成广	老牌企业，国内影响力较大。	产品链主要集中在大功率发射机设备，而小功率不具备明显的优势。
成都凯腾四方	老牌企业，国内影响力较大。	产品链主要集中在大功率发射机设备，而小功率不具备明显的优势。
四川西结微波	专业性很强，所承担项目市场反馈情况很好，数字电视配套产品相对较全。	进入行业较晚，宣传力度不够，企业知名度相对较弱。

从表1我们可以看出，虽然四川西结微波进入行业较晚，还处于幼年阶段，但其凭借专业性强的优势，凸显于众多竞争对手中，赢得了久盛创投的青睐，在急需战略资金的时候，获得了久盛创投的投资，取得了长足的发展。

久盛联手西结，成就高速发展

2007年3月，西结网络公司与绵阳久盛投资公司、绵阳科发集团共同出资，组建了西结微波。久盛创投分别于2008、2009年分两个阶段完成了对西结微波的注资，每次分别注入300万。

注资完成后，在投后增值服务中，久盛创投从多方面协助西结微波发展壮大。

1.帮助西结微波管理团队完善公司组织结构、管理体系和高效率的企业管理制度。协助西结微波内部管控体系的建立，包括财务策划、分析、指导体系，新产品开发体系、批量生产体系及精益化管理体系。

2.协助西结微波公司申请了科技部创新基金、投资引导基金、绵阳市各项政策扶持基金及政府贴息贷款等，推动了企业发展。

3.针对西结微波不同岗位需求，通过聘请专业管理咨询公司以及参加创业投资方内部培训的方式，分批对公司的技术、销售、财务、行政等核心管理团队人员进行了培训，培训内容包括营销战略、客户开发与客户关系、财务、中小企业融资实务、绩效考核等。

4.协助西结微波聘请券商、律师、会计师等中介机构等。

此外，久盛创投利用自身的影响力及品牌效益，使西结微波公司知名度有很大提高；同时久盛创投协助西结公司微波进入国家、省一级项目。西结公司先后取得了国家广电总局项目、宁夏项目和云南省项目。目前，久盛创投正协助西结微波进入柬埔寨海外项目。

久盛创投介入后几年内，西结微波进入了快速成长期，不仅销售收入与利润均连年大幅增长，销售收入增速分别达到103%、165%、20%、75%，净利润增速分别达到138%、208%、211%、88%，而且净利润率也逐年攀升，这组数据说明了西结微波的快速发展是有质量保证的。

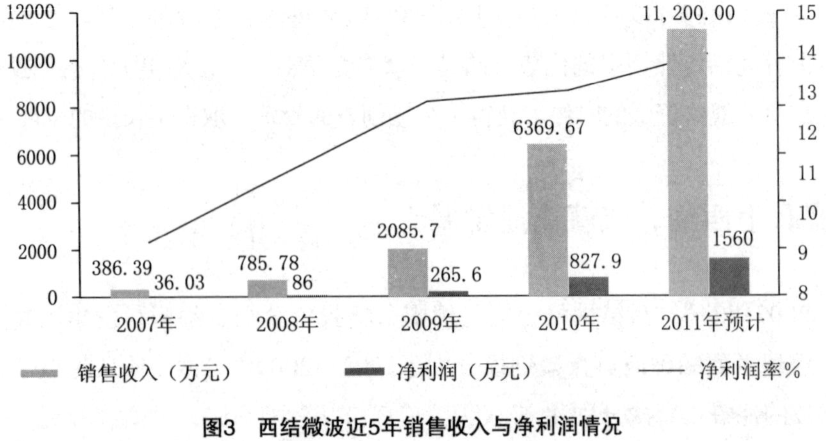

图3 西结微波近5年销售收入与净利润情况

西结微波的销售收入和利润的成倍增长证明了久盛创投对西结微波增值具有显著效果，在久盛创投的鼎力相助下，西结微波更上一层楼，取得了瞩目的成就：

· 国内首家将宽带射频预校正技术实用化的企业
· 国内率先大规模运用发射链路设备无线网管系统的企业
· 国内首批取得MMDS宽带发射机入网证两家企业之一
· 国内首家同时取得MMDS宽带发射机入网证和型号核准证的企业
· 国内首批取得数字电视发射机入网证的企业之一
· 国内首家提出将同步器和激励器合二为一并将之产品化的企业
· 国内首家提出将适配器和同步器合二为一并将之产品化的企业
· 国内率先提出研发环保节能型发射机功放的企业
· 国内首家开始研制适用于海上移动的无线数字电视传输设备的企业

四川西结微波、上海高清联合研发项目——地铁沿线地面数字电视覆盖项目、铁路抢险远程监控指挥系统；技术创新基金无偿资助项目——带同步功能的单频网适配器和单频网激励器。

西结微波如何保证自己持续的成长性

高速的成长最让人担心的是成长的可持续性，西结微波主要从产品和商业模式两方面来保证成长的持续性。

产品的可持续性

公司进入发射设备行业以来，产品已更新到第三代高新智能发射设备，由最初本地值守发展到现在的远程监控，效率由之前的15%发展到现在的22%，更节能，更环保。发射设备由之前单一两三种规格发展到现在十多种规格型，并逐步完善配套产品，降低项目成本，增强市场竞争力。

商业模式的可持续性

公司共有三种商业合作模式：

第一种为设备采购销售模式。该模式市场竞争较强，利润率较低，不利于企持续发展。

第二种为数字电视项目投资运营模式。数字电视项目投资运营是针对用户基数较大，基础设施较好地区，与当地广电部门合资（或独资）成立数字电视运营公司，合作期限一般为15～20年。公司投入系统设备和前期运营费用，参与营运和用户发展。通常情况，3～4年能回收投入资金成本，之后每年都有固定利润分配。数字电视投资运营项目有：江西萍乡市、安徽五河县和山东台儿庄三个项目；目前，公司正与安徽省局洽谈，计划投资经营安徽全省地面数字电视项目，如果能成功完成该项目，公司在未来15～20年保证可持续增长。

第三种为设备租赁模式。设备租赁模式是对针对目前部分缺少资金的广电部门，同时又具备发展地面数字电视用户的市场前景。公司一次性投入系统前端设备、发射设备及补点设备，把建设好的系统及设备租赁给广电部门使用。广电部门可在3～5年分月支付公司租赁款（租赁款=设备市场价格+利息），租赁费支付完毕，系统设备所有权归广电部门所有。对于租赁模式的合同项目，公司可分批次向广电部门提供用户终端设备，从而提高项目的销售收入。合作模式主要优势：一是市场进入门槛低，容易占领市场；二是产品利润率高（一般利润率可达到100%～150%）；三是可以带动用户终端设备进入项目，提高项目销售收入。

小资料

绵阳久盛科技创业投资有限公司

绵阳作为我国重要的国防军工科研生产基地，拥有以中国工程物理研究院为代表的大型军工科研机构18家，以长虹集团、九洲集团等为代表的大中型骨干企业50余家，以西南科技大学为代表的高等院校10所，两院院士26名，各类专业技术人才17万余人，享受政府特殊津贴的专家800多名。依托得天独厚的科技、人才资源，沐浴中国（绵阳）科技城蓬勃气息，绵阳久盛科技创业投资有限公司茁壮成长于这一优质的土壤上。

2004年，为加快绵阳科技城建设，促进绵阳科技城中小企业发展，推动高新技术产业化进程，绵阳市政府决定由绵阳科技城投资发展（集团）有限公司、“两金”管理中心共同出资组建久盛创投。久盛创投是绵阳市唯一一家国有创业投资企业，是四川省第一家实现备案管理的创业投资企业，是首批获得国家创业投资引导基金资格认证的创业投资机构，同时也是四川省第一家获得创业投资引导基金的创业投资机构。公司注册资本1.6亿元人民币，注册地址为中国（绵阳）科技城。

公司经营范围为：创业股权投资、投融资咨询、企业管理与经营策划、项目投资资产托管、咨询中介服务等。

久盛创投拥有一批事业心强，有着丰富的财务、投资、管理和资本运作等实践经验的专业风险投资运作管理人才。公司现有人员15人，其中，高级投资经理人4人，注册会计师2人，高级经济师4人，人力资源管理师1人。

久盛创投坚持“市场导向、鼓励创新、支持企业”的指导思想，本着“稳健务实、讲求效益、政府引导、社会参与”的经营管理理念，以中国（绵阳）科技城境内众多的科研院所和丰富的科技成果、军转民项目为依托，专注在电子信息、新材料、生物医药等科技城产业领域进行投资运作。

经过几年的运作和发展，公司已完成对绵阳市维博电子有限责任公司、四川高达科技有限公司、四川西结微波科技发展有限公司、四川中物技术有限责任公司等十多家企业的投资。目前，公司控股、参股企业11家。同时，公司建立了涉及电子信息、生物医药、新能源等多领域的相当完备的项目库，目前在库项目600余家，资源优势突出。

专家点评

绵阳久盛科技创业投资有限公司投资入股四川西结微波科技发展有限责任公司，是目前国内股权投资机构传统投资特性的体现，主要特点如下：

1.投资对象的选择：创业投资一般把高新技术企业作为主要投资对象，强调企业的创新性及成长性。

本投资案例中，四川西结微波科技发展有限责任公司为国内高新技术企业，自身拥有多项发明专利，拥有自主知识产权的核心产品；公司所处的四川绵阳，为我国重要的国防科研和电子产业基地，是国务院批准建设的中国唯一的科技城，拥有西南科技大学等高等院校十余所，两院院士近30名，公司核心团队稳定，且多为行业内顶尖级科技人才，为公司以后的创新发展提供了人才保障；从公司业绩来看，自久盛投资入股后，近几年呈现几何级数增长，且具有可持续性。以上几方面完全符合中国证监会对创业板板块内中小企业的要求，即创新是灵魂，成长是体现的宗旨要求。

2.增值服务：创业投资机构投资于企业，不要仅仅体现在“投”上，更重要应体现在投后管理促使企业增值方面。

本投资案例中，久盛创投作为国有创业投资企业，一家政府投资引导基金，其“市场导向、鼓励创新、支持企业”的指导思想及“稳健务实、讲求效益、政府引导、社会参与”的经营管理理念在投后管理中得到淋漓尽致的体现，在管理制度完善、政府政策支持、团队建设、项目引进以及品牌经营等各个方面为被投企业都做了大量的工作，促使企业有了质的突破，收到了明显的经济效益，达到了双赢的效果。久盛创投的这种做法，应值得其他创业投资企业借鉴，不能只关注“投”与“退”的两端环节，而更应重视中间的对企业提供的增值服务。

另，根据现有的资料来看，被投企业西结微波前进的道路仍还漫长，创业板上市企业一般为行业统计排名较前的企业，同行业内企业相比在质和量上有一定的规模优势，且行业分法不能太细，因此，对于西结微波及久盛创投来讲，前途光明，但将士仍需努力。

赵曾海

北京市中银律师事务所主任

在国家节能减排的号召下，白光LED会替代白炽灯、荧光灯和高压气体放电灯等传统光源成为21世纪的新一代光源，白光LED孕育着巨大的商机。我国LED企业大多处在固体照明产业链的下游，上游的芯片等专利技术都是被几大国际巨头垄断，LED高端技术是阻碍我国LED产业发展的瓶颈。

一位年轻有为的学者慕名而来，带着他多年一起打拼的团队，毅然放弃了在美国优厚的研发条件，千里迢迢回到祖国，想找到天使投资开始他们在照明业的突围。他就是彭笑刚教授，享誉全球的顶尖化学家，沿着深南大道苦苦寻觅。在这样的环境下，杭州纳晶科技有限公司应运而生，2009年8月10日在杭州注册成立，致力于研发尖端技术突破LED照明技术。

天图资本独具慧眼，发现了纳晶科技强大的生命力。在纳晶科技成立之初就向其注资1500万元。天图资本青睐纳晶科技归因三点：一是纳晶科技强大的创业团队，二是高端技术支撑，三是新一代固体照明未来广阔的市场需求。

同时由于纳晶科技前身成立在美国，天图资本帮助创业团队适应中国的法律环境，并且由于纳晶属于高科技产业，天图帮助其完善知识产权规划，还依据自己的专业优势帮助纳晶科技量身打造合理有效的股权激励方案，利用自身良好的示范和宣传效应为纳晶实现再融资。纳晶在天图资本的助推下实现自身发展，创造社会价值。

照明革命前夜——纳晶科技应运而生

目前国内照明光源主要是日光灯，而日光灯为代表的照明光源存在着一系列缺陷，如发光效率低、低耗能量多、使用寿命短、产生汞等有毒废弃物，远远不能满足现代社会对高效、节能和环保的照明技术的现实需求。因此，亟待一种全新的照明光源加以解决。自从50多年前发光二极管LED问世以来，在节能和寿命方面表现了巨大的潜能，人们一直希望其成为新一代的固体照明光源。但由于无法得到高效的蓝色发射，很长时间没有实现白光LED。1996年，日本日亚公司首次成功地研制出氮化镓LED，实现了蓝色半导体发光，该突破使得LED形成了三基色完备的发光体系，构成了实现白光LED的研究基础。1998年，达到实用水平的白光LED上市，白光LED具有节能、高效、寿命长、无污染、耐震动、不易损坏、瞬时启动和快响应等优点，因此白光LED是LED产业中最被看好的新兴产品，将成为21世纪的新一代光源，第四代固体照明光源，以替代白炽灯、荧光灯和高压气体放电灯等传统光源。白光LED孕育着巨大的商机。

从2008年开始，国家发展改革委员会和财政部补贴推广高效照明产品，对大宗用户和城乡居民购买节能灯分别给予30%和50%的补贴。之后一系列关于照明的支持政策使得我国LED产业上游中游产能明显过剩，下游应用市场尚未打开，在产业链上出现了断层。我国LED企业大抵处在固体照明产业链的下游，上游的芯片和荧光粉这些专利技术都是被几大国际巨头垄断，因此，LED高端技术就成了阻碍我国LED产业发展的瓶颈。中国照明协会理事长陈燕生也曾表示，“我国LED生产总量不少，但部分核心技术尚待突破。目前，国内的研究开发机构和生产企业相对比较分散，建议集中力量攻关，争取在高亮度白光LED方面有所突破。在照明应用层面，目前国内企业已大量介入LED照明，开发出一批产品；对其中研发实力较强的企业，可以给予一定的支持”。在这样的背景下，杭州纳晶科技有限公司（以下简称“纳晶科技”）应运而生，致力于研发尖端技术突破LED照明技术。

纳晶科技是一家领先的量子点半导体新材料公司，目前已经在杭州设立研究和制造中心，在美国设立全资子公司NNCRYSTAL US CORPORATION。纳晶科技以建立领先世界的纳米材料技术平台为使命；以建立具有全球竞争性的高科技产品研发团队和世界一流技术产业化平台为首要目标；以能源产业中的固体发光和LED作为近期聚焦市场，力争在3到5年内将公司发展成为一个具有国际竞争力的高科技企业。

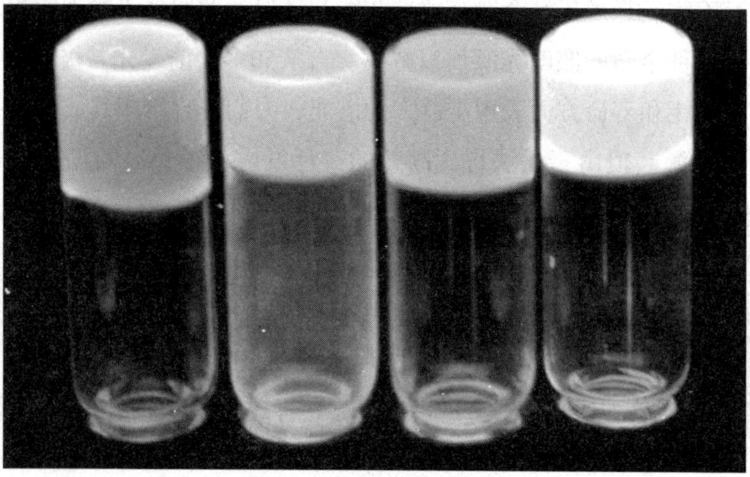

图1 纳晶科技量子点新材

纳晶科技的核心技术为世界领先的掺杂量子点纳米晶体发光材料合成及应用技术，其主要应用领域为LED照明、荧光诊断试剂、光伏谱下变频。在LED照明元器件领域已经与美国三大照明公司之一Acuity达成ODM合作，并与Philip Lumileds达成技术开发合作协议。

纳晶科技的创业团队来自美国NN-Labs，公司成立后按照投资协议立即着手从NN-Labs向纳晶科技转移有关专利，目前已经通过纳晶科技美国子公司完成了对NN-Labs的收购。

纳晶科技的董事长彭笑刚在化学界颇具盛名，被称作“纳米大牛”。他于1992年12月获得吉林大学物理化学与高分子化学博士学位，并先后任美国阿肯色大学化学系助理教授、副教授、教授，查尔斯-克丽蒂侠露化学讲座教授。主要从事纳米晶配位化学、纳米生长机制、功能纳米晶合成化学的研究工作，已在Nature，Nat.Mater.，Angew.Chem.Int.Ed.，J.Am.Chem.Soc.和Nano

Lett.等顶级期刊上发表高水平研究论文100余篇，他是纳米研究领域的杰出科学家。在联合国教科文组织与国际纯粹与应用化学联合会（IPAC）宣布2011年为“国际化学年”的庆祝活动中，汤森路透（Thomson Reuters）集团发布了2000～2010年全球顶尖一百位化学家名单，彭笑刚教授名列第八。在这一百位入选化学家中，彭笑刚教授目前是唯一一位在中国国内全职任教的学者。彭教授2009年7月加盟浙大，担任化学系全职教授、博导，同年入选第二批国家“千人计划”。

以彭教授的专利转化成果为核心创建的纳晶科技在2009年8月10日正式成立，主要研发以量子点高新材料为核心的固态照明、生物医学诊断、太阳能电池的终端产品。

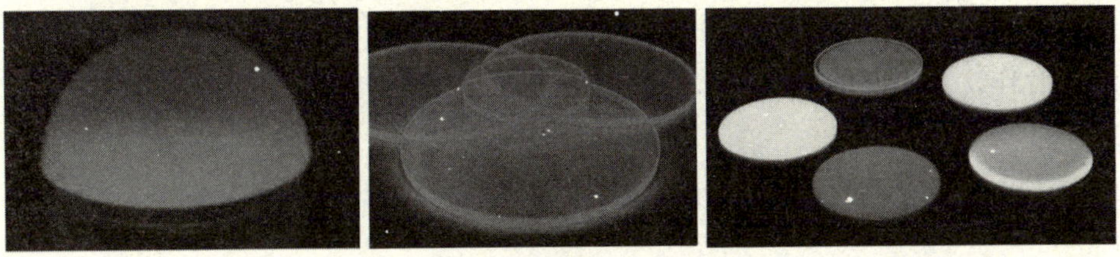

图2　固体照明光学元件

目前照明消耗的能源大约占全球能源消耗的20%，以LED为代表的固态照明可望将照明的效率提高50%，是所有节能技术中非常重要的一项。目前，LED白光的基本技术路线是将黄色无机稀土荧光粉封装在蓝光LED上，黄色荧光粉吸收部分蓝光后发出黄光，黄色光和蓝色光混合给人眼的视觉效果就是白光。由于这样的白光只由蓝光和黄光组成，其光质量是比较低的。首先，显色指数低，即物体在该白光下看起来颜色会和真实颜色有所区别。另外，如果混合光中蓝光的成分比较多，得到的白光很冷（色温较高），看起来比较亮但是会让人觉得很不舒服；如果混合光黄光的成分比较多，得到的白光会稍暖一些（色温低一些），但是看起来不是那么的亮。这些缺陷都是由于目前使用的荧光粉造成的。能发出高光效、高光质量白光且价格合适的灯具必将占领照明市场，这里的高光质量是指高显色性和适宜的色温。杭州纳晶科技在该材料研发方面已获得专利保护，利用这项专利，能够生产出这类质高价廉的灯具。

纳晶科技的技术可制备出任何具有所需发射光谱的量子点材料。通常将这种技术称为“Qshift”，因为这种技术是利用量子限域效应来调节量子点的发光位置。将Qshift量子点使用到照明灯具上可获得比传统灯具更高的光质量和不低于传统灯具的光效率。纳晶科技的Qshift技术平台目前包括两个主要的方向：Qshift Coral和Qshift Lucid。Qshift Coral是在量子点本体材料禁带发光基础上（这一点和大家熟知的传统量子点相似）对量子点发光进行调节。通过纳晶科技与世界顶级照明灯具生产商如Acuity Brand的合作，Qshift Coral技术已经商业化。Qshift Lucid是一种量子点掺杂发光的技术，无色，不含有毒重金属，可望部分甚至全部取代目前广为使用的稀土无机荧光粉。

通过纳晶科技的Qshift技术平台，可以准确地调节照明灯具发出白光的各项参数，从而获得高性价比的照明灯具。纳晶科技在中国和美国的研发团队通力合作，为不同的照明需求提供价格适宜的解决方案。

创投青睐——天图慧眼识珠

天图在纳晶科技成立不到一个月的时间（2009年9月）就向纳晶科技注资1500万元，是天图独具慧眼，发现了纳晶科技的强大的生命力。纳晶科技受到天图青睐归因三点：一是纳晶科技强大的创业团队，二是高端技术支撑，三是新一代固体照明未来广阔的市场需求。

强大的创业团队

纳晶科技的优势首先在于它有一个精良的创业团队，团队领袖为彭笑刚教授，他曾入选“中组部千人计划”。两年前启动实施的“千人计划”，就是要在国家重点创新项目、重点学科和重点实验室、中央企业和国有商业金融机构、以高新技术产业开发区为主的各类园区等，引进并有重点地支持一批能够突破关键技术、发展高新产业、带动新兴学科的战略科学家和领军人才回国创新创业。在国家特聘专家专题培训班暨证书颁发仪式中，中共中央政治局委员、中央书记处书记、中组部部长李源潮提出要把国家特聘专家打造成为“人才品牌”，寄托了一种期盼，体现了一种责任，凸显了一种导向，对实施人才强国战略具有很强的针对性和现实性。彭教授作为“千人计划”的一员，而纳晶科技作为彭教授心血的结晶，承载着LED产业的希望，纳晶科技势必要突破重围，担此重任。纳晶科技的团队是一群优秀的“海归”，其中制造总裁毕文刚博士在第六批的“千人计划”上榜上有名，精英的碰撞让天图也寄予了厚望。彭教授不单是国际一流的化学家，而且在经营管理方面颇有见地，有着一颗企业家的心，也有着一种企业家的胸怀。在纳晶科技，核心人员都持有一定的股份，彭教授本人也愿意一同分享公司股份，从不计较，他德才兼备，充满了人格魅力，在他的指引下，员工内部团结一致，运营也是井然有序。团队，给予企业成长的力量，投对了团队，也就成功了一半。

高端的技术支撑

纳晶科技的纳米合成技术是有着开创性贡献的技术，得到世界实验室的普遍应用。30多年前，AT&T贝尔实验室的Brus发现并从理论上确定了半导体纳米晶（或称量子点，Q-dots）的发光机制。这种独特材料的发光颜色可以通过控制晶体颗粒大小来调控。这一特性使得人们逐渐认识到，量子点在照明、生物医学成像、太阳能电池等领域具有很高的潜在商业价值。纳晶科技的第一个材料技术平台将是以量子点为核心的发光材料。在这一材料的制备和发光性能方面，纳晶科技的技术处于世界领先地位。通过与美国一家新型LED照明灯具公司合作，已成功开发出以这一发光材料为基础的产品。

以彭笑刚教授学术研究为基础，纳晶科技独有的不含剧毒重金属的掺杂半导体纳米晶体（D-dots），作为最新一代发光材料，继承了传统量子点的优势，且克服了上述量子点的所有问题。这个新发明（发端于2004~2005年）为新一代能源工业提供了一个全新技术平台。截至目前，纳晶科技已有6项独家授权的专利，9项专利申请和8个以上的未公布应用专利。

D-dots的独特商业价值来源于它不同于传统纳米晶的发光机制和化学组成。针对传统量子点的关键缺点，D-dots技术提供了良好的改进办法。相比传统的荧光粉，D-dots对近紫外光具有超高的吸收，具有可调的连续发光色彩，无散射损失及优异的流态加工性能。

纳晶科技的科技目前尚处在实验室阶段，天图负责此投资项目的冯卫东投资总监说“我们愿意去冒这个险”。如果这个新技术产业化了，那么它将给以白光LED为主的第四代固体照明带来革命性变化，届时，照明灯照明效率将更高，能量消耗将更少，使用成本将更低。

纳晶科技以合成材料为制胜法宝，除应用于LED照明外，还在荧光诊断试剂、光伏谱下变频拓展研究，纳晶科技积极开拓应用领域，使得高端技术更大范围的得到应用。

广阔的市场需求

2011年年末，国家发展改革委员会、商务部、海关总署、国家工商总局、国家质检总局联合印发了《关于逐步禁止进口和销售普通照明白炽灯的公告》，决定从2012年10月1日起，按照功率大小分阶段逐步禁止进口和销售普通照明白炽灯。据统计，中国照明用电约占全社会用电量的12%左右，采用高效照明产品替代白炽灯，节能减排潜力巨大。

LED照明是半导体照明的一种，半导体照明被看好，是源于其令人信服的技术，半导体照明灯具具有长寿命、节能、安全、绿色环保等显著优点，它的耗电量只有普通照明的1/10，但半导体照明行业仍是笼罩着一片乌云，成本等各方面原因导致其应用还在推广中。但是，所有行业内人士都相当看好半导体照明的前途，认为新光源将掀起一股替代运动，这场运动将以半导体照明灯具全面替代传统的荧光和白炽照明灯具画上句号。

我国的半导体照明产业正在进入自主创新、实现跨越式发展的重要时期，已经开发成功包括LED车灯、矿灯等多种产品，鉴于半导体照明产业令人鼓舞的发展前景，我国已成立国家半导体照明工程协调领导小组，启动国家半导体照明工程。金融危机以来，国家出台4万亿元经济刺激政策，促进基础设施、公共交通、生态环境建设和民生工程等，将增加对特殊照明、普通照明、景观照明等各种LED应用产品的大量需求。此外，科技部启动了旨在拉动内需，促进节能减排，推动产业规模的“十城万盏”LED应用示范工程，也将成为推动LED照明产业发展的动力。

LED照明光源取代白炽灯将会是未来的一种趋势。LED节能灯目前主要用于公共场所的照明，如商场和市政建筑，家用市场还处于推广阶段。因此，白炽灯退出市场之后留下的市场空白，很长一段时间内都极力需要依靠开发LED照明来填补。LED照明产品由于能量转化效率非常高，能耗理论上仅有白炽灯的10%，相比荧光灯，可以达到50%的节能效果，因而具有节能、环保和长寿命的优势，可广泛应用于景观照明、安全照明、特种照明和普通照明光源等照明领域，市场潜力巨大。

中国是仅次于美国的第二大发电大国，同时是世界上最大的照明电器生产和出口国。中国照明电器产品出口到全世界150多个国家和地区，出口额占全行业销售额的40%。如果LED技术及成本达到照明要求，则将成为普通照明应用中主要产品之一，LED照明产业在我国拥有巨大的发展空间。

同时，随着技术进步带来的成本下降及政府相应补贴政策的出台，LED照明产品将逐步进入民用照明领域，市场潜力巨大。

一流的团队，高端的技术，巨大的市场，构成了天图对纳晶科技的信任，天图投资总监冯卫东在接受采访时说到："在民营企业的创造中，纳晶科技是非常出色的一个，是很有发展前景的，当然很少有机构敢于投资这样的项目，需要勇气，更需要理念的支撑，纳晶科技的发展会造福社会，社会价值更是我们看重的。"

天使庇佑——纳晶日新月异

天图作为纳晶科技的投资者，在各方面都给予了纳晶科技有力的支撑，纳晶科技做精技术，天图做精服务，这些服务包括但不限于通过为被投资企业提供决策咨询、整合市场资源、完善治理结构和加强团队建设等。

帮助创业团队适应中国的法律环境

纳晶科技的创业团队前身为美国NN-Labs公司，是一家以研发包括半导体材料、贵金属和磁性金属氧化物纳米晶材料为核心的先进功能材料开发公司，NN-Labs在生产和处理高质量纳米晶先进材料方面具有接近10年的历史。纳晶科技获得美国NN-Labs独家技术授权。由于从国外转向国内，法律环境上有很大的不同，天图帮助纳晶科技进行了公司注册、企业性质的变更等一系列本地化工作。

帮助企业完善知识产权规划

纳晶科技是一个符合国家新型战略产业的高科技企业，拥有诸多专利，知识产权规划相对于企业来说是一个不容忽视的问题，天图帮助纳晶科技了解国内上市对企业知识产权的有关要求。从商标、图像以及外观设计到NN-Labs拥有的专利和专利申请，天图都亲力亲为，尽到了作为一个“职业咨询者”应有的责任。

帮助企业设计管理团队激励方案

股权激励是一项复杂的、多变量的制度创新，不存在通用的股权激励模式和框架可以借鉴，股权激励的成败取决于对企业战略和现有特点的综合把握和运用，天图通过充分深入了解纳晶科技，运用自己的专业优势，为纳晶科技量身打造合理有效的激励方案。

帮助企业再融资

纳晶科技在2011年11月完成了B轮6000万元的人民币融资，投资人包括海邦人才、天图兴华等机构和自然人。很多投资人都是通过考察纳晶科技的第一轮投资者来作出相应的判断，在这一点上，天图对纳晶科技的B轮融资给予指导和推介，天图投资的表现和整个投资的运作，也给新的投资者以信心。天图无疑给纳晶科技带来了很好的示范和宣传效应。

珠联璧合——创投推动创新

纳晶科技和天图在深南大道的“邂逅”成就了创投的一段佳话，一种相遇即为一种碰撞，看似偶然实则必然，天图寻找项目有着自己的独到见解，它的项目体系和估值体系独树一帜，使得天图能够大浪淘沙，聚沙成塔。天图不看一个企业最出众的部分，而是考察它最薄弱的环节，“每个方面都能构成否决性的因素，不是简单的加起来有60分就够了，应该是乘法，有个方面太低了就会导致项目被否决”。

纳晶科技无论在团队，在技术，在市场，在行业都有自身的优势，高端的整体架构使纳晶科技在发展的道路上得以顺风顺水，纳晶科技没有短板，而是有许多长板，其中最长的一块就是它高端的技术，天图的冯总说到“纳晶科技是真正的高科技，而不是组装高科技，不是靠技术组合而来，是原始创造，是掺不得半点假的，对彭教授及其团队的科研能力我是很有信心的”。

天图坚持做10%以上早期投资，这表明了天图价值投资的理念。天图将自己的投资定位在早期项目，对创业投资的认识，既追本溯源，又能体现它的远见卓识。天图呼吁创投机构树立正确的竞争理念，通过培养自己的眼光和优质专业的服务，打造属于自己的品牌，这样才能在竞争日益激烈的创投行业处于不败之地。

小资料

深圳市天图投资管理有限公司

深圳市天图投资管理有限公司（简称“天图创投”）成立于2002年，是国内最早从事创业投资的专业机构之一。公司在深圳、北京、上海设有办事处。

天图创投重点投资领域包括医疗健康、消费品、低碳经济和TMT四大领域。

天图创投目前管理着5支人民币基金，管理资产规模超过人民币50亿元。

天图创投在中国创投行业具有良好的声誉和广泛的业务网络，拥有一支具备全球视野并熟悉中国本土资本市场的投资管理团队。

天图创投倡导“协作、分享、尊重”的企业文化。

天图创投秉承“和企业一同成长”的投资理念，通过长期投资和专业的增值服务和企业一同创造和分享时间价值。

天图创投通过远见、专业和友善的投资，创造了优秀的投资记录。

2012年1月，天图创投正式更名为天图资本。

专家点评

中国LED照明产业“前途光明，道路曲折”

中国LED照明产业曾经是投资的热点，但也一度造成产能过剩和终端需求下降，一些行业报告表明，当前的景气度不高。2011年台湾LED产业链平均产值衰退近5%，预计2012年仍将持续低迷状态。然而在整个产业链当中，上游的产业价值仍然较高，约占70%左右。蓝宝石衬底作为重要的组成部分，在小尺寸领域（2英寸～4英寸）竞争激烈、价格持续下跌，在大尺寸（4英寸～6英寸）方面则依然利润不薄。然而大尺寸的衬底对工艺技术要求较高，要实现国产化仍然有很多困难。

从市场来看，LED普及是个大趋势，但因制造成本偏高，民用（家庭、商业楼宇）等的业务，还要几年的等待时间，目前仍以公用为主，如路灯、景观照明及公共建筑（机场、车站、体育馆、政府办公楼等），因此受到国家或地方政策的影响。在企业“打单”及业务拓展上，也必然要面对“公共采购”的挑战（行业、“三产”、地域保护、“本省产品”等的垄断），这对以技术为主导的创业项目，更是比较不擅长的地方。

中国的LED照明有中长期的机会，但行业规范尚未建立。对于行业的健康发展，同意本案纳晶科技彭笑刚董事长对媒体发表的观点：需要加速行业标准的建立和检测监督，建立专业人才培养、培训体系，建立专业职务评定体系和程序，并重视核心专利的申请和布局，建立专利池，同时建立市场需求信息平台；对企业来讲，也要重视质量，重视创新，重视品牌。

从NN-Labs到纳晶，从美国“上岸”中国

纳晶科技的创业团队来自美国NN-Labs，由当时任教于美国阿肯色斯大学的彭笑刚教授于2001年创办，主要为彭教授在该校化学系的学术研究成果作为商业转化，到2008年才有比较大的商业运作的突破（资料来源：http：//www.nn-labs.com）。

由于彭教授回国任教于浙江大学，他于2009年8月在杭州成立纳晶科技有限公司，并于2009年底收购NN-Labs的固体发光、太阳能和医疗诊断领域方面的知识产权，再于2010年1月在美国成立纳晶美国全资子公司NNCrystal US Corporation，即原来的NN-Labs变成了中国纳晶科技的美国分公司。在业务承续上，杭州纳晶科技等于是NN-Labs从美国“上岸”中国的布局。

随着世界经济重心从美欧向亚洲（尤其是中国）转移，有更多的华人在美国创业的项目顺势“上岸”中国，以寻求市场、资金（及上市）以及政策的支持。因科技及经济发展的阶段以及全球产业分工，中美两地创业项目的成功立基不同，在美国可能有纯技术创新的成功公司，但在中国更多的是技术的本土应用（technology innovation vs.technology implementation）。纳晶科技的机会，也是在如何运用在国外取得的创新高科技研究和技术突破，在国内实现产品开发与产业化的应用。

“贸工技”思路，兼顾短中长期发展

纳晶科技在LED照明元器件领域已经与美国三大照明公司之一的Acuity达成ODM合作，并与Philip Lumileds达成技术开发合作协议，在企业发展历程中，这是一个不错的安排。一个高科技创业项目的引领世界、叫板MNC的创业理想，可以是一个长期目标，那也必然是长时间、大资源及坚忍图成的结果，但商业项目没办法长年关门研究、不食人间烟火，以现有技术为国外大厂作ODM或研发协同服务（即强调技术价值的产品、硬件与研发的外包服务），为公司带入收入，也提供团队“练兵”的机会，检验、提升公司的研发成果与商业化实力，可对企业起到短中期运营和长期目标兼顾的作用，这也是很多企业集团从SI或VAR做起，逐渐发展出自己的核心产品，或如联想电脑“贸工技”的产业发展道路。

天图早期投资，慧眼识珠

天图创投能在“全民PE”、资金横流、扎堆后期的创投产业环境下，在纳晶科技成立时就投入人民币1500万元，这是其远见、卓识及胆识的体现。天图在投资后在纳晶科技“上岸”到一个全然不同的产业与运营环境时，以“共同创业者”的身份提供帮助，并为纳晶科技在整合市场资源、完善治理结构和加强团队建设上，与彭教授原有的科技团队优势互补、强强联手，使得纳晶科技有机会“以积跬步而欲至千里”的速度成长。创业者与投资者，各有所长，紧密的伙伴关系是一个创业项目成功的基础。

陈友忠

智基创投股份有限公司创始管理合伙人

1999年1月1日，美国珠宝首饰业电子商务企业蓝色尼罗河（BlueNile）横空出世，给钻石行业带来了新的生机。短短几年，蓝色尼罗河通过电子商务年销售的钻石达到4.5亿美金，是传统珠宝巨头TIFFANY、CARTIER、BVGARI三家销售额的总和。受国外影响，国内也迅速出现了一批珠宝电商企业。2008年12月，彼爱钻石正式成立。一年后的2010年，天图创投首轮投资3000万元，成为彼爱第二大股东。2011年彼爱顺利完成B轮融资。

获得融资后，彼爱钻石从起初的一家小公司，迅速从传统的周大福、周生生等钻石销售商和钻石小鸟、九钻和珂兰钻石等钻石电商的激烈竞争中脱颖而出。

如今羽翼渐丰，2011年公司IPO已经启动，计划两年后完成在国内上市，融资规模10亿元左右，可能成为国内钻石网销类上市“第一股”。天图的慧眼发现了彼爱，彼爱的成长验证了天图的投资。

珠宝商市场营销模式的创新

当珠宝的市场营销模式大乱，珠宝企业怎么办？一是走传统的营销模式，经过层层经销商，赚取薄利；二是走新的概念模式——网络营销，节省中间流通环节，减少成本，赢得客户与利润。

随着社会的不断发展，市场日趋清晰的今天，几乎所有的珠宝营销人都陷入了双重尴尬境地：一方面对市场无所不知，一方面却又无从下手。所以，对大多数珠宝营销人来说，理清传播的脉络和架构，建立简单易行的操作模型，是非常有必要的。其意义正如古龙小说中的傅红雪为什么每天练习上万次拔刀这一个简单的动作。

钻石是珠宝首饰中的宝石之王，是全球最标准化的商品之一，具有国际分级标准，标准相同的钻石，国际标价是一样的，价值是完全相同，因此选择钻石只需要掌握好标准就可以，不需要亲眼所见，从这个意义上来讲钻石是最适合于电子商务的珠宝类商品。

传统的珠宝商运营模式，见图1。

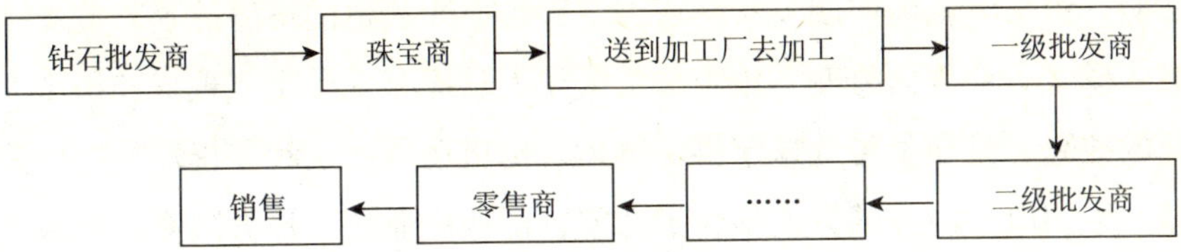

图1 传统的珠宝商运营模式图

钻石网络营销模式，即先下订单后生产的模式，见图2。

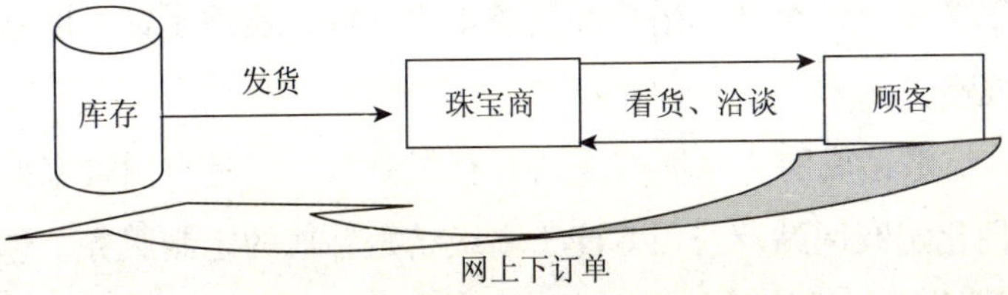

图2 钻石网络营销生产模式图

表1 传统的珠宝商运营模式与电子商务模式的区别

特征	传统模式	电子商务
产品	成品，款式有限	个性化商品，汇聚大量款式供消费者选择
成本	中间批发环节和商场费用高；库存占用资金	减少了钻石供应链中的环节；先下订单后生产的定制模式，节约了库存资金
价格	昂贵，价格构成封闭	商场售价的一半，价格构成透明化，提供比较系列
销售渠道	至少有三、四级销售环节，难免奔波的劳苦	扁平化，为消费者提供了足不出户的购买便利性
推广	传播面窄	网络覆盖面广
钻石资源有效利用	珠宝商买下则停留在柜台中，不能供其他珠宝商利用	在顾客下单之前，全球的钻石资源均共享

彼爱“差异化”战略营销路

与同样是钻石网络营销商的钻石小鸟、九钻和珂兰钻石有所不同，彼爱钻石采用的是差异化战略。在彼爱团队看来，没有经过定制的婚戒，只是低层次的情感表达，消费者只能向朋友宣讲价格和克拉的故事；但经过精心的定制，消费者就能向朋友宣讲通过定制语言所表达的情感故事。彼爱钻石的商业模式，一方面改变了传统珠宝依靠大量库存批量生产现货和积压大量资金的缺陷，改变了传统珠宝供应链长、销售场所固定和零售环节费用高的弊端，采用电子商务的方式整合了珠宝首饰业产业链，最大限度地缩短了产业链，省去了大量中间批发环节和零售环节费用。另一方面，彼爱钻石设立BLOVES婚戒定制中心，采用“电子商务+定制中心+呼叫中心”的新型商业模式，进行精品婚戒的个性化定制，为中国广大的新婚群体和结婚周年纪念的群体定制工艺精湛的个性化婚戒和结婚纪念钻戒，实现了钻石网络营销模式的差异化战略。

Bloves结婚钻戒网（深圳彼爱钻石有限公司），是中国首家大型专业结婚钻戒个性化定制网站。公司专注于高级结婚钻戒的定制服务，包括：定情对戒、求婚戒指、结婚钻戒、新娘套装、婚嫁礼品及周年纪念等一系列产品，致力创造俩人专属的一生完美记忆。这家创立于2008年12月的钻石营销商，在传统的经营模式上，进行了颠覆式的变更，采用现代“电子商务平台+体验店+呼叫中心”的立体商业模式，与消费者之间形成了一条快速、高效的直接联系渠道。在销售模式上，通过网络平台，实现全球钻石资源的共享。公司直接从全球最大珠宝看货商之一的戴比尔斯（De Beers）等看货商手中直接进货，省去了大量的中间批发环节，最大限度地缩减产业链的长度，实现“同样的钻石，一半的价格”的购买体验。Bloves本着“打造性价比最高的珠宝品牌”、“圆天下有情人钻石婚戒之梦想”的目标和使命，在两年的时间内已连续在全国9个城市开设了17家婚戒定制中心。

图3　Bloves南京新街口店外景

彼爱钻石如此的与众不同，可以用两方面来概括，一方面是“on line to off line”，即线上线下的互动模式，这点得益于整个钻石行业电商时代的到来。另一方面是彼爱公司自己的独到之处，彼爱钻石公司的总经理曹霖把它总结为三点：首先是“个性化”，彼爱把许多情感因素融入钻戒的制作中，让每一个顾客能感受到钻石的专属所有，做到独一无二，世上仅此一件，相比于其他钻石电商，彼爱给消费者提供了更多选择的空间；其次是定位“精品”，彼爱对每颗钻石的选择都是与钻石巨头TIFFANY和CARTIER有相同的“4C”标准，即在钻石选择方面，钻石重量（carat）30分以上，净度（clarity）VS以上，颜色（color）j色以上，切工（cut）VG以上；同时，在婚戒的工艺上彼爱创新性的提出“4P”标准，即符合形态（profile）G以上，制作（process）G以上，修饰（polish）G以上，成色（pureness）G以上的钻戒工艺才是合格的结婚钻戒工艺。有了4C+4P的品质保证，相信消费者将真正体会到“钻石恒久远，一颗永流传”的意义；再次是彼爱的性价比较高，销售环节减少，定做需要的库存变少，成本自然降低，加之彼爱主动地让利于消费者，使得彼爱的价格比传统珠宝商低了30%～40%。

由此，彼爱钻石商业模式可展示如图4所示。

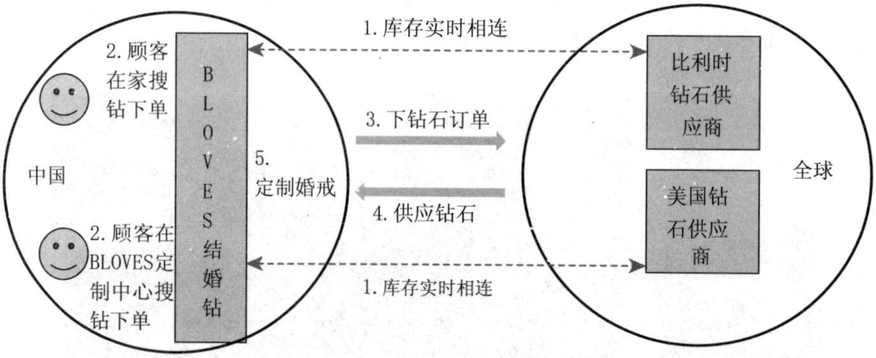

图4 彼爱钻石的商业模式

第一步：BLOVES搭建电子商务平台——BLOVES结婚钻戒网，与海外（以比利时为主）钻石供应商库存在线直连；

第二步：顾客在家里、办公室，或到BLOVES婚戒定制中心搜索钻石，向BLOVES下婚戒定制单，交30%的定金；

第三步：BLOVES收到顾客订单，并向顾客确认后，一方面通过网上向钻石供应商下钻石订单（同时钻石下架），另一方面向配套OEM加工厂下戒托定制单；

第四步：钻石供应商收到钻石订单后，一周发一次货，货先发到上海钻石交易所，经上海钻石交易所报关后，将钻石交给BLOVES；

第五步：BLOVES将钻石质检后，交给配套OEM加工厂镶嵌钻石，OEM加工厂加工完成后将定制完成的戒指交给BLOVES；

第六步：BLOVES将成品质检后，通知顾客到定制中心取货，顾客付余款，或通知顾客通过第三方结算方式付货款，收到顾客付款信息后将货品按顾客指定的地址邮寄给顾客，同时做邮寄保险。

天图雾里看花，慧眼识才

正是由于彼爱创新的营销模式和独特的商业模式使得彼爱钻石在钻石的世界里发挥出耀眼的光芒，也正是由于此，天图创投机构才能够在众多钻石经销商里做到“雾里看花，慧眼识才”。

彼爱钻石2008年12月份才刚刚成立，仅仅过了一年半的时间，2010年4月，天图创投旗下天津天图兴盛股权投资基金就入股彼爱，并以3000万元投资成为彼爱第二大股东。这是天图作为创投机构在彼爱初创期施以援手，要和其一同成长的见证，在如此早期却投入如此大的金额，这无不显示了天图对彼爱未来的信心和与其一同成长的信念。

天图创投成立于2002年，是国内最早从事创业投资的专业机构之一，目前管理着5只人民币基金，管理资产规模超过50亿元，通过远见、专业和友善的投资，创造了优秀的投资记录，在中国创投行业具有良好声誉和广泛业务网络，拥有一支具备全球视野并熟悉中国本土资本市场的投资管理团队。天图创投的重点投资领域包括消费品、医疗健康、低碳经济和TMT四大领域，天图选择投资项目的标准很明确：位于朝阳行业；优秀的管理团队；独特的商业模式；良好的经营记录；优势竞争地位。那么，彼爱为什么会受到天图的青睐呢?

首先，钻石网络营销这种商业模式是最吸引眼球的，而具体到彼爱，它的优势是：

颠覆传统，还利顾客

采用网络直销与体验店、呼叫中心结合的全新珠宝营销模式，低成本运营，零中间环节，价格直降30%～40%。

全球供货，资源丰富

与全球排名前十位的钻石看货商直接合作，最大限度缩短钻石供应链，丰富钻石供应资源，极大满足客户对任何规格钻石的选择需求。

严格出品，品质至优

所有钻石均经由国家专业机构鉴定，符合完美（Excellent）、极好（Very Good）和好（Good）的钻石才有资格入选BLOVES结婚钻戒网的钻石库。30分以上的钻石，还提供国际权威机构GIA（美国宝石学院）、HRD（比利时钻石高阶层议会）等出具的鉴定证书，每一颗钻石均具有其身份和品质认证。

专注婚戒，款式至多

提供各种风格、镶嵌方式、金属材质的婚戒款式，最大限度满足消费者的多样化需求，并通过每月新品、个性定制等方式，随心搭配，为您创造独一无二的结婚钻戒。

行业领航

BLOVES结婚钻戒网由资深的钻石业投资商创办，经营团队由具有多年大陆钻石零售高层管理经验的传统珠宝业管理者及中国电子商务业界精英组成。

各种优势的融合是彼爱成为创投机构进入的主要原因，也正是由于这些优势，天图的合伙人也是负责彼爱项目的投资经理汤志敏说到："彼爱在2008年9月份在深圳成立的时候，相继开了两个店，然后在郑州、长沙又各开了一个店，运营效果还在观察期，未充分显现。但是，最主要我们是看中它的定位：给消费者定制钻石。不管是周大福，还是周生生等都是卖成品，就是后来做商务钻戒的钻石小鸟、九钻等，他们基本上也是成品，只不过他们是把钻石搬到网上去卖，而彼爱最大的特点是他直接通过一级看货商，在中国的办事处或者其他机构直接卖货，而不像其他当时内地区域的钻石零售商通过一级二级甚至三级去卖，这样，其一价格上去了，其二当时已经上市的潮宏基，它大部分的都是到商场租个柜台，然后去卖，价格比原来多的30%给了商场，即使是这种模式也比原来老式的周大福，从价格方面有优势，这个可能会吸引眼球。但是我们认为，这不是根本，只是销售模式，而价格战是绝对不能打的，最终可能使毛利率下降。而彼爱找的是定制的道路，他满足了男女青年纪念所需钻戒这种产品的个性化需求，这是一个新的商业模式，这样他就可能会持久，而总经理曹霖也是很有思想的人，并能将思想不断地完善，逐步形成的一个稳定的模式。”

从汤志敏的话语中可以看到天图看中的是彼爱自身的“定位”，就像全球最顶尖的营销战略家，也是美国特劳特咨询公司总裁杰克·特劳特在《定位》中说的那样，我们都要对自己的公司进行定位，找到属于自己的属性。“营销是一场战争，想要成功，就必须把兵力集中于自己独特的概念或属性。如果没有独特的概念或属性，就只有拼价格了”。

因此，找到企业自己的定位就是找到企业自己的特点，即所谓差异化战略。天图投资总监冯卫东说到：“彼爱的不同之处在于它起步就确定了一个差异化战略的竞争方式，中国商业最可怕的就是同质竞争，很多电子商务企业，最后都变成了网上百货公司，同质化竞争使大家最后陷入了‘价格战’的泥潭。所以彼爱走差异化的路，一方面相对传统流通它省去很多环节，降低了成本；另一方面它通过专业化定做结婚钻戒满足了消费者更深层次的需求，避免了价格战。所以我们觉得这个团队有他独到之处。而且有足够的行业经验，是实体珠宝行业而不是其他领域人士来做的电子商务，这个非常重要。”差异化竞争显然已经是彼爱牢牢把握住的制胜的法宝。

除了商业模式的新颖、定位的准确之外，彼爱在技术研发上也有很强大的实力，在2009年和2010年不到两年的时间里，彼爱钻石共获得的专利和知识产权有十余项，并且科技成果都成功地转化成生产力，在企业营运中发挥了重要作用。

天使助力，钻石璀璨

天图创投秉承“和企业一同成长”的投资理念，通过长期投资、专业的增值服务和企业一同创造、分享时间价值。公司文化是“协作、分享、尊重”，就是一支这样的创投团队，在2010年彼爱步入盈利期、市场得以细分、精品市场战略得以定制的时候，加入了彼爱，成为彼爱钻石得力的助推手。

天图在第一轮投资之后，积极地对彼爱进行了全方位的增值服务，使得彼爱产生了积极的变化。增值服务包括但不限于通过为彼爱提供决策咨询、整合市场资源、完善治理结构和加强团队建设等增值服务，促进彼爱的成长和发展。

在天图创投投资彼爱钻石后，彼爱钻石获得了高速成长：首先是天图创投投资带来的直接效果，2010年与2009年相比，销售收入增长了197.8%，基本达到了翻两番；其次是间接地示范作用，在天图创投投资获得良好效果后，彼爱钻石在2011年4月份获得涌铧资本和嘉信资本的B轮投资，投资资金投入使用后，BLOVES加速开店步伐，深圳曼哈店、深圳海岸城店、常熟店、南通店、常州店、沈阳店、银川店、石家庄店、武汉店相继开业，彼爱钻石的增长进一步加速，2011年1～5月与2010年同比增长239.1%。

彼爱钻石如此迅速的发展与天图的投资有密不可分的关系，在天图创投投资彼爱钻石后，对彼爱公司的巨大推动作用可以在以下几个方面得到充分的体现。

完善、优化治理结构

彼爱钻石最初是由总经理曹霖和几个朋友共同创建的，并均作为管理层人员管理经营着彼爱，其中一些成员以天使投资人的身份入股彼爱，而天图投资是以VC身份投资入股。在天图投资入股之后，为了健全彼爱的内部经营管理体制，其协助彼爱建立了明确的股东会、董事会、监事会和公司总经理为代表的管理层职责分工，建立了群体决策机制，使法人治理结构得到了进一步完善。当时天图派合伙人汤志敏作为彼爱的董事会成员，在一定程度上起到监督作用，再加上企业股东会的规范运转，使得彼爱的内部结构发挥了其应有的作用。创业投资机构的进入很大程度上改善了彼爱治理结构上存在的问题。

共谋、制定发展战略

天图对彼爱的增值服务包括在战略层面上的帮助。彼爱钻石在制定发展战略时，获得了天图创投战略和消费品方面的专家大量的咨询和指导，天图创投的咨询、指导，让彼爱钻石的管理层能从更高的高度来审视企业的发展战略。得益于天图在消费品领域较多的投资项目，协同效应也逐渐显现出来，天图和彼爱对商业模式的理解也在一起互相碰撞中提高。汤志敏提出应用"定位"理论，对彼爱的成长也起到了极大的推动作用，彼爱自身的定位也在天图的帮助下经历了精益求精的过程，这点使得彼爱在钻石网络营销"定制模式"当中立于不败之地。

订婚、结婚和结婚周年，结婚最能代表钻石文化元素，加之定制更进一步的体现文化性质，用名字的缩写、婚龄、数字来体现个性化，除此之外，在造型上也有更多的选择。存货也少了，产品是等消费者定制完成后才进行加工的。这就是因战略的变化而作出了相应的调整。从"旗舰店"改到"定制中心"，这不只是名字上的转变，更是企业文化的改变。定制比整个销售过程长，从传统销售转变到定制，这是观念的转变。

协助引进专业高级人才

彼爱在实验室开发上已经有一支较强的队伍，天图给彼爱提供其他领域的各种人才资源。在天图创投的帮助下，彼爱钻石从北京引进了国内一流的电子商务人才，组成了深圳规模最大、层次最高的专业电子商务团队之一；在财务管理方面，引进了高层次的财务管理人员，使财务管理的专业性和规范性方面得到了本质的提高。彼爱虽然不是家族式经营，但是CEO曹霖是首次创业，在公司治理的财务方面做得不尽完善，在财务核算方面存在缺陷，天图首先在做尽职调查的时候通过会计师事务所了解总结，对其提出建议，另外请了高级财务经理作指导，从而提高了彼爱的财务水平。

探索、助推市场

2009年年末，彼爱在搭建线上业务的时候，是天图帮助彼爱把上海、北京的大牌电商业务平台搭建了起来。在市场推广上，天图采取“广积粮，后称王”的战略，不同于钻石小鸟那样铺天盖地的广告宣传，彼爱使的是个“巧劲儿”：利用媒体的这种文化来进行推广。彼爱首先宣传自己的定位，这样使得自己的理念深深烙在消费者的心里，让消费者不请自来。这种做法取得了事半功倍的效果。汤志敏说：“我记得第一次天图帮助彼爱在会展中心做的宣传是利用我们在五星级酒店进行投资成功的宣传，参加者感叹：如果没有天图的慧眼，我们还没想到深圳会有彼爱这样的钻石公司。彼爱当时很小，钻石生意一般以家族企业为主，闷头赚钱，后面的宣传做的也不大，那么通过机构投资者进去，对外界来说对彼爱也是个很好的宣传。”

天图创投投资总监冯卫东说：“在市场运作上，彼爱有着一支很强的团队，但是我们总是从另外的角度跟企业一起互相启发，以广告语的变化为例，广告是最能体现他自身的定位，彼爱最早的广告语定位是“同样的钻石，一半的价格”，而最早的电子商务企业几乎都是这么用的，都是以价格为诉求，没有差异化竞争，因为价格战是同质化的，并没有说出产品的差异在哪里，包括服务的差异、特色在哪里。经过我们共同探讨商业定位逐渐明晰，彼爱的广告语改为“完美婚戒，唯有定制”。这不仅是广告语的转变，更是商业模式实际操作过程中的转化。”彼爱明确定位在了“定制”和“婚戒”上，细分了市场，而婚戒是钻石商场最大的一个细分市场，是消费者最看重的市场。

给予他山之石，拓宽管理思路

彼爱曾经遇到过一个销售折扣权的问题，冯卫东说：“员工如果不给折扣权，那么这很容易得罪员工的朋友、客户，如果给折扣权，像彼爱销售的是平价奢侈品的产品，毛利没那么高，给与不给很难选择。当时曹总向我咨询这个事情，我告诉他，这个不是泛泛的给与不给，而是给每个员工一次这样的权力。我当时给了他一个很粗略的建议，后来曹总设计了个很精细的体系，当时我们的一个LP去买钻石，就享受了这样的一个权力，他特别高兴，员工把他非常宝贵的折扣权给他用了。这个效果非常好，享受折扣顾客会感觉到是破格的礼遇。我们的增值服务并不是手把手地去教，更多的是理念的指导，当然专业化程度会比不上企业。我们总是以多家企业所见经验给被投公司思路性的建议或帮助，但彼爱团队能将指导建议发展成一整套的细化的做法，这对企业是很重要的，他们是优秀的企业家。”

精雕细琢，流光溢彩

天图的慧眼发现了彼爱，彼爱的成长验证了天图，在获得涌铧投资和嘉信资本两家创投1亿元的注资后，彼爱钻石有限公司上市步伐提速。2011年4月21日，公司CEO曹霖在接受《每日经济新闻》专访时透露，公司IPO已经启动，计划两年后完成在国内上市，融资规模10亿元左右。业内人士认为，这也可能是国内钻石网销类上市“第一股”。在天图的保驾护航下，彼爱已然走向了成熟，对于1亿的新融资，曹霖称：将主要用于完善商品供应链系统、拓展线下定制中心，2011年将以每月新建2~3家定制中心的规模在全国扩张，未来2~3年内，BLOVES线下婚戒定制中心预计增加至200~300家，将覆盖中国所有大、中城市，并建设成为中国珠宝首饰行业排名第一的电子商务品牌，为顾客提供零距离、全新的婚戒个性化定制的高端服务。

目前，彼爱钻石已在深圳、广州、南京、沈阳等地开设定制中心16家。曹霖认为，公司未来将与传统的周大福、周生生、谢瑞麟成为主要竞争对手。业内专家预测，目前，钻石小鸟、九钻和珂兰钻石等几家大的钻石网销商均有机会3年内冲击创业板或海外上市，而钻石网销类“第一股”一旦问世，将大大冲击传统珠宝店铺，打破现有的珠宝行业格局。

在彼爱钻石的案例中，天图作为创业投资者介入，在当今Pre-IPO投资盛行的时代，显示了天图作为一个负责任的创投机构应有的风范。天图坚定的选择早期项目的投资，他们把“和企业一起成长”的理念贯彻到底，给企业最大价值的增值服务，这也给创投行业树立了一个标杆。判断早期项目的风险大小正是创投的竞争力所在，也是创投取得成败的关键，从某种意义上说，促进创投项目投资的早期化有助于增强创投机构的抵抗力，增强创投机构的竞争力。

天图投资管理有限公司位于深圳市深南大道深圳特发高尔夫俱乐部里的一栋别墅里，在那里，天图的投资总监冯卫东先生和合伙人汤志敏先生接受了我们针对彼爱钻石的采访。在会议厅的墙壁上方方正正的挂着一幅画满五角星的中国地图，那是天图教育基金会做过公益的地方，他们在全国各地捐建乡村小学图书馆，说到这，汤总骄傲地说：“天图教育基金会已经注册了，其目前主要以资助教育贫困区的学校图书为业务。天图创投为基金会提供了大量的资金支持，其基金会的理事成员、志愿者等都是一些深圳的企业家、作家、留学生等爱心人士。基金会有自己的工作人员，每个投资人，包括员工，一年放十天或半个月的假，每年贡献一点时间出来，去各处看望贫困区学生和讲授课程。”天图不仅是创投行业中极有责任感的机构，而且对社会也有一颗炽热的心。

天图独具慧眼，发现了彼爱的非比寻常，它的行业前景，它的商业模式，它的精英团队无不彰显出它强大的生命力。彼爱在成立不到三年的时间取得这样飞速的发展，这与天图的鼎力支持也是密不可分的，彼爱从起初的一家小公司经过天图的精雕细琢，慢慢地规范化、成熟化，一步步地发展壮大，如今羽翼渐丰，走在IPO的路上，通往了更广阔的天地。正如《钻石的故事》告诉世人的那样：“不论你想要的是什么，它很可能就在你身边，只要你睁开眼睛，敞开心灵。”彼爱用钻石打动了无数眷侣，而天图给彼爱灌入了无尽希望。用心发现，用心栽培，坚持，固守，实干，你最终将会收获属于自己的那份璀璨。

小资料

天使公益——深圳市天图教育基金会基本情况

基金会简介

深圳市天图教育基金会由深圳市天图创业投资有限公司出资，于2010年11月正式通过深圳市民政局审批成立，注册资金200万。

基金会宗旨

助学育人，改善贫困地区教育资源匮乏状况，引导社会关注农村教育。

基金会项目

1.“天图乡村小学图书馆项目”：目前，已在在湖南、广东、河北、贵州、四川、山东、甘肃、云南等省欠发达地区建立了118所“天图乡村小学图书馆”，将31万册正规出版社出版的优秀经典图书送到了学校。

2.“天图乡村小学阅读项目”：目前，已在甘肃兰州、平凉等受赠学校开展和实施，让阅读走进乡村小学语文课堂。基金会与受赠学校签订阅读协议，与学校一起打造阅读环境，开展阅读活动，让阅读走进学生的每一天。

3.“天图乡村小学教师培训项目”：有计划地进行教师培训，形成阅读实验区，推广、分享阅读。

基金会目标

1.让孩子们有机会从小养成阅读习惯。

2.让阅读陶冶出孩子的良好性情，帮助孩子建立正确的价值观，养成优秀品格，培养想象力、创造力、独立思考能力和自信心。

3.搭建一个规范高效的公益平台，让更多的孩子受惠于阅读。

天图乡村小学图书馆选择标准

1.所在地属于偏远、贫困地区，或经济发展相对落后地区。

2.5年内不会撤校，学生不低于100人。

3.学校无图书或学生人均有效图书不足2本。

4.学校能提供固定场所及人员有效管理图书。

5.同意并签署《合作共建天图乡村小学图书馆协议》。

口号："阅读带我飞"、"携手共播爱与知"

专家点评

BLOVES商业模式及业务的探讨

对商业模式的探讨，有利于了解一个项目的价值。商业模式就是如何做生意，卖的什么产品或提供什么服务，卖给谁，如何卖以及如何建立竞争壁垒。

BLOVES是一个钻石电商的项目，结合线上、线下并发挥互联网的行销及交易力量，业务本身并无新意，目前主要在针对某一产品或产业作垂直领域的服务，像京东或当当类的平台电商机会已经过去了。而"钻石电商"已有几年的发展历史，在美国更有像BlueNile等上市公司，在中国也有很多家拿了VC的钱；公司的目标顾客不是可能光顾TIFFANY、CARTIER、BVGARI或周大福、周生生等的高端客人，而是与其他"钻石电商"的同行，去努力扩展钻石的中端消费人群或习于电商交易的年轻一族；在"如何卖"及竞争壁垒上面，彼爱很强调"体验中心"以及"顾客定制"，所以整个项目的突出之处，就在这两点，但也就在这两点如何被有效务实的发挥。当然，一个项目的团队及其执行力，也是竞争关键所在。

BLOVES创业经营团队，由具有多年珠宝行业高层管理经验的创业者及电子商务业界精英组成，在珠宝行业和电商领域有较好的资源组合，相较于其他钻石电商可能具有一定的优势。

BLOVES采用"电子商务+定制中心+呼叫中心"的新型商业模式，顾客体验店进行精品婚戒的个性化定制，试图实现钻石网络营销模式的差异化战略。但更多的交易还是应该靠互联网及呼叫中心完成。

BLOVES个性化的定制"独一无二，世上仅此一件"，由于有个人的特殊印记或符号，虽能给消费者留下独特的纪念，但也有碍于消费者未来对钻石的二次交易（折价换新、转卖等）。

BLOVES有别于传统的珠宝销售模式多卖成品，环节多，资金周转慢，售价也较高，BLOVES的模式省去了一部分的进货和中间批发环节。但缩减产业环节的意图，还是有赖“规模效益”的支撑。

BLOVES营销布局策略较好，PR活动甚多，借势电影植入，引领新的消费购买热潮，打造奢侈品定制理念，定位高端，以平价完成交易。

天图创投的参与

天图创投在BLOVES成立仅1年多时间就投资了BLOVEES，成为BLOVES在“试误”及优化业务模式的过程中的助推手。这种早期的投资，正是中国创投产业所需要的。

天图创投“和企业一起成长”的投资理念在投资后为BLOVES提供了很多的增值服务，得益于天图在消费品领域较多投资项目的研究和协同效应，帮助BLOVES从“同样的钻石，一样的价格”到“完美婚戒，唯有定制”的商务模式的转化，并提供市场定位、决策咨询、引进人才等方面的协助，促进了彼爱的高速成长和发展。

天图公益教育基金会的成立，极具意义，公益活动使员工、LP、创业者在工作之余敞开心灵，怀着感恩、回馈社会的责任心为改善贫困地区教育状况奉献一颗炽热的心，携手共播爱与知。强化企业文化的同时，也提高本职员工和创业者的向心力和社会责任感。

陈友忠

智基创投股份有限公司创始管理合伙人

创投中国

长城影视

长城影视　再现民族复兴之路

长城影视传媒集团成立于1999年，经过十余年的发展，已经成为全国最大的影视传媒机构之一和全国最大的纪录片生产发行基地。

2010年，浙江如山投资管理有限公司旗下的浙江如山成长创业投资有限公司投资长城影视股份有限公司，持有其5%的股权。吸引如山创投的是长城影视令人艳羡的独特盈利模式，而吸引长城影视的是如山创投独特的产业背景及增值服务优势。从那时起，如山创投与长城影视便结下了不解之缘。

长城影视集团拍摄的电视连续剧《大明王朝惊变录》、《明末风云》、《大明天子》、《书生剑美人劫》、《咫尺天涯》、《中国母亲》以及《开国英雄》、《共和国之最》等大型电视纪录片多次荣获全国五个一工程奖、中国电视飞天一等奖、中国电视金鹰奖、鲁迅文艺奖、牡丹奖等全国性各类大奖。公司生产的电视剧《红日》、《东方红》、《最高特赦》、《旗袍》等史诗大片在全国影响巨大。公司还独资创办有中国影视艺术学校。目前，公司已进入资本上市培育阶段。

习近平副主席、张德江及全国政协、国家广电总局、中国广播电视协会等领导，和夏宝龙、黄坤明、蔡奇、茅临生、郑继伟等省市领导专门对长城影视探索文化产业道路进行重点考察调研，并予以高度评价，《人民日报》社、新华社、《浙江日报》社等新闻单位多次予以重点报道。

长城影视——编剧的“梦工厂”

如果说华谊兄弟最大的价值是品牌，那么长城影视最大的价值是“人”，编剧赵锐勇是公司最核心、最宝贵的资产。

长城影视系全国最大的民间影视传媒机构之一，年产电视纪录片1000部（集），年产电视剧近300多部（集），电视节目发行遍及全国及海外各电视机构。一个如此庞大的影视机构，它的发展是为了实现自己的“英雄梦”不断努力的结果，是一个典型的编剧的“梦工厂”。

在影视公司，编剧是影视制作流程的最前端。曾任诸暨市电视台台长的赵锐勇是国家一级作家，他不仅是非常优秀的编剧，也是非常善于学习的企业经营者。涉足影视传媒近20年来，赵锐勇一直把弘扬民族精神视为己任，有一颗执著的心，并为自己的“英雄梦”不断地努力付出，赵锐勇说：“涉足文学创作近40年，我一直有个梦想，就是史诗般再现一个民族的复兴之路。”赵锐勇希望通过真实地塑造历史和人物、真实地反映生活，塑造大量人民喜闻乐见的“英雄主义”作品。

为了实现自己的“英雄梦”，他拟定了一个庞大的创作构架，即第一部40集《东方红1949》写新中国的诞生、第二部40集《五星红旗迎风飘扬1》从1949年写到1970年、第三部40集《五星红旗迎风飘扬2》从1970年写到1978年十一届三中全会、第四部40集《五星红旗迎风飘扬3》从1978年写到改革开放30年。即从“新中国成立”写到“建设新中国”，再写到“探索新中国”最终写到“改革开放新中国”，“洋洋洒洒160集，总投资1.5亿元”。赵锐勇为此自豪：第一部是为新中国成立60周年献礼，第二部是为建党90周年献礼。眼下正在筹拍中的续集第三部也已被中宣部、国家广电总局列为2012年迎接党的“十八大”召开十部重点献礼片之一，同时还被浙江省委宣传部、杭州市委宣传部列为重点精品创作扶持项目。

更令赵锐勇高兴的是，其公司虽未上市，但产量已经相当于一个上市公司的水平，2011年半年的时间就完成了5部大剧，共250集，并且影片的质量都很高，所拍摄电视剧产品既有历史意义，又有教育意义，在广电总局审核通过率高达到100%。说起长城影视的成就，赵锐勇总会自豪地提到："我们长城影视都是独家投资、独家运营的，我们所有的拍摄、制作，连3D特技都是我们公司自己做的。"

正是这一次次的付出，一次次的回报，激励着赵锐勇，让一个优秀的编剧成就着"再现民族复兴之路"的"英雄梦"。

梦之魂——创新的盈利模式

"英雄梦"实现需要有别具一格的条件，长城影视这座"梦工厂"要想帮助编剧实现自己的"英雄梦"就需要有自己独特的优势——"梦之魂"，即在众多的平凡企业中能独树一帜，而现实的状况却是影视行业准入门槛较低，企业数量众多，市场集中度较低，竞争比较充分。电视剧制作行业虽属传统意义上的行政管制行业，但随着文化体制改革的不断深入，国家对电视剧制作业务的准入许可正在逐步放松，目前对境内资本从事电视剧制作业务已基本放开，政策准入门槛较低。电视剧制作的投资规模较小，以一部片长为30集左右的电视剧为例，总投资能控制在1000万元以内，这与电影业动辄几千万元的投资相比，投资风险要小很多，因此行业准入门槛较低。

政策准入门槛和行业准入门槛的"双底"标准使得影视行业内企业实力差异较大，细分市场供求的不均衡推动了市场集中度的提高。我国电视剧制作公司数量众多，实力差距也很大，实力雄厚的电视剧制作公司如中央电视台和华谊传媒等已经具备了年产数百集的电视剧制作规模，且出品的大多为可以在电视台黄金时段播出的高质量电视剧，作品畅销，盈利能力较强。而有的小型影视制作公司每年仅能出品1~2部电视剧，且大多只能在非黄金时段播放，销路较差，仅能保本甚至亏损。

根据国家广电总局所显示的统计数据，截至2008年12月31日，以获得发行许可证的电视剧为统计口径，我国已形成了年产电视剧约500部即15,000集的产业规模。但我国电视剧市场的供求状况与电影市场相似，细分市场供求不均衡的现象比较明显，以电视剧总产量来看，近年来电视剧市场一直处于整体供大于求的局面。每年约有20%的电视剧在摄制完成后因质量、题材等原因无电视台采购而被市场淘汰，另有约30%的电视剧只能在收视率较低的播出时段播出且销售价格较低。但同时，精品电视剧的供给却一直不能满足市场需求，电视台宁愿重播过往的精品电视剧也不愿采购低质量新剧，这直接导致一些精品电视剧的重播率较高。

就在全行业普遍低迷甚至亏损的情况下，长城影视却能一枝独秀，表现出了强大的竞争力，该公司主要从事电视剧、电视专题、电视综艺和动画故事的制作、复制及发行工作。自公司成立以来，所制作的电视剧获得了多项荣誉。戏曲电视剧《红楼梦》、《窦娥冤》、《大明王朝惊变录》、《明末风云》、《东方红》、《红日》都荣获各种奖励。并且自公司成立10年以来拍摄了15部，460集各种题材的电视剧和92部、9331集的纪录片。合计投入资金逾亿元，其中大部分投入的电视剧都已收回成本。在所拍摄的16部电视剧中，古装片9部，纪实片2部，军旅片2部，现代剧3部。据统计，公司除两部纪实片和两部现代片未收回投资之外，其余所有的古装剧、军旅片均已收回投资，由此看出，以赵锐勇为首的现有创作团队对于历史题材电视剧更善于把握。公司历年来的影视作品平均投资回报率为40.4%。其中，《中国母亲》、《红日》、《东方红》等电视剧，投资回报率均在120%以上。从影视制作投入角度来看，长城影视更善于小投入、低成本创作相关产品。迄今为止，除两部军旅片《红日》和《东方红》投入在千万元以上外，其余的投入都较少。

取得如此令人称赞的荣誉和傲人的业绩回报，长城影视有其独有的优势：

独特的历史主题选择——“再现民族复兴之路”的“英雄梦”。

独特的商业运作盈利模式——创新文化创意产业链的每个环节，通过差异化策略确定竞争优势，使企业保持可持续发展能力。其商业运作的盈利模式如下所示：

严控产业链的前端特色：控制编剧源头，电视剧剧情与历史题材紧密结合，准确把握历史事件亮点。

雕琢产业链的中端细节：强调电视剧品质，电视剧精品，高品位、高起点。

强化产业链的末端推广：以黄金档电视剧为主，把握重要历史时机。

俗话说，外在条件只有和内在条件相结合才能取得好的效果，因此正是这些模式在长城影视公司的运用，使得该公司取得优异的成绩。在长城影视董事长赵锐勇的眼中，“《红日》、《东方红》、《最高特赦》都是投入产出比很高的电视剧。《红日》与《最高特赦》的推出，标志着我们已经找到了拍剧的投入产出与风险最佳结合的模式。《旗袍》又是这一模式的成功典范。经过10年时间的积累，我们能够清楚地知道做什么样的剧能够投入产出最大化。这种模式人家很羡慕，但无法复制”。

除了“做中国最好的电视剧”，赵锐勇还提出了“做中国最多的纪录片”。此外，长城影视正在打造“中国最大的媒体平台”：不仅拥有4家杂志，还牵头成立“中国百家城市电视台协作体”，250多家成员电视台每天推出1小时的《纪实60分》大型板块节目。“拥有这么庞大的渠道资源，在全国找不到第二家影视公司。”赵锐勇自豪地说，“我们既有高精尖的精品，也有以量取胜低成本运作的纪录片。”根据赵锐勇的设想，未来公司还将和电视台合作，买断播出时间，以“长城剧场”的运行模式，在该时间段播出长城影视拍摄的电视剧，通过植入式广告来获得收益。

正如赵锐勇所说的，长城影视独特的盈利模式是同行业羡慕且无法复制的，这将是它最大的竞争优势，是其在行业洗牌时最坚实的支撑。

梦之使者——两情相悦，共创辉煌

在独特的商业模式下，浙江如山投资管理有限公司作为“梦之使者”助推了编剧“英雄梦”的实现。在这个过程中，吸引如山创投的是长城影视令人艳羡的独特盈利模式，而吸引长城影视的是如山创投独特的产业背景及增值服务优势。正是长城影视的优异成绩吸引了如山创投的目光，吸引了“更上一层楼”的必要资本，在影视行业竞争激烈的时代，为自身的成功增加了更大的筹码。也正是在如山创投和长城影视“两情相悦”的作用下，创下了属于彼此的辉煌。

浙江如山投资管理有限公司是盾安控股集团旗下一家专业从事高科技成长型企业股权投资的专业机构，总部位于浙江杭州，资金规模达30亿元人民币，浙江如山成长创业投资有限公司是旗下管理的基金之一。

公司秉持“长期服务，长期投资”的经营理念，注重对高科技、高成长型企业进行股权投资，兼有财务顾问、管理顾问、投融资顾问等服务功能，重点投资新能源与清洁技术、先进装备制造业、新材料、与消费和服务相关的新经济等领域。通过充分发挥自身及盾安集团的产业资源优势和社会资源优势，竭力为被投资企业的发展、扩张以及上市提供贴身服务，完善公司治理结构，提升企业价值。

如山创投与长城影视通过长达两年的投前磨合及了解，目前已建立了密不可分的战略投资关系。在2010年的年夜饭上，董事长赵锐勇对浙江省风险创业投资协会副会长、浙江如山投资管理有限公司董事长王涌说：“虽然你们不是最大的股东，但你们对我们的影响力非常大，学习了你们的经验，并对我们公司运营各方面提出的建议和方案，我们会改进，不会辜负期望。”

如山创投在对长城影视的投后增值服务上更多扮演的是一个“陪练”的角色。投资初期，如山创投从微观的财务梳理到宏观的战略规划都给长城影视提供了必要的支持。例如，协助企业完善董事会、监事会等法人治理架构及管理体系，按照现代企业制度进行经营管理；协助其完善薪酬激励机制，提高员工收入；帮助其规范内部管理，降低管理成本，提高管理效率；协助企业聘请券商、律师事务所、会计师事务所等中介机构，等等。

长城影视在接受如山“陪练”的过程中，不仅在企业文化制度建设、管理水平、公司治理等方面有了一定的提高，取得了令人称赞的荣誉，其经营业绩也有了较大的提升。

然而，身处激烈竞争的电视剧市场，长城影视未来也面临诸多风险。如果未来两年，公司所制作的电视剧投放不能取得成功，其业绩将受到较大影响。况且，长城影视的资源积累还需要一个漫长的过程。而如山创投就像知心的兄长一样，一直陪伴着长城影视，他们认为："任何项目公司都可能会遇到不可预知的因素。在投资之前，创投公司要多考虑可能会出现的'黑天鹅'现象；而在投资之后，创投公司应当有宽容之心，与项目公司同舟共济，不能要求他们永远盈利，而应当允许他们试错，允许他们走一些弯路，允许他们在一两年没有效益。"

目前，长城影视公司已完成股份制改造、上市公司前期培育、会计审计报告、法律尽职调查报告等多项程序。长城影视正在向传媒集团化高速发展，投入巨资筹办的全国性大型新闻半月刊《纪实》杂志已经创刊，又兼并了面积达8800多平方米的浙江文艺大厦，同时于2010年花巨资创办"长城国际动漫创意产业园"，公司还独资创办有中国影视艺术学校，初步形成了以电视剧、电视纪录片、刊物、广告、发行、影视学校及住宿、餐饮等文化产业的集团化、市场化运作。长城影视，全面挺进中国影视传媒界。

对于上市工作，赵锐勇自信地讲道："我们已经完成了上市前所有程序，2012年将向中国证监会申报上市材料。任何企业在生存发展当中都会随时遇到很大的考验甚至是挫折，作为长城来说应该是未雨绸缪。我们现在正在做明年乃至后年的大题材、大项目，这些我们已经是有备而来。"

如山造就"英雄梦"

对长城影视项目的投资，我们可以看到，无论是作为被投公司的长城影视，还是作为投资机构的如山创投，都是"有备而来"，二者结合之前都是行业的佼佼者，此次结合，实属强强联合，强者更强，为长城影视的未来发展铺下了更宽广的道路。

优秀的领导者是企业发展的核心

毫无疑问，长城影视董事长赵锐勇是公司的核心人物，是公司发展的灵魂，在他身上体现出来的，不仅仅是一个作家的风范，更是怀揣着实现"民族复兴之路"的"英雄梦"的伟大实践者，思想的高度决定了他出自作家而不拘泥于作家，真正地将个人价值与社会价值统一起来，是一个值得我们敬佩的人。也许，与其说如山创投对长城影视的投资，不如说是对赵锐勇的投资，俗话说，一个二流的领导者可能会毁掉一个一流的企业，而一个一流的领导者必然能扶持一个二流的企业成为一流的企业。这也遵循了“投资投人”这第一教条。

独特的盈利模式是投资成功的关键

长城影视除了拥有赵锐勇外，另一个区别于同行业的亮点便是其独特的盈利模式，它的电视剧模式、纪录片模式和广告运行模式也正是如山创投所看重的，是吸引如山投资的关键，此次投资的成功有很大一部分是由于长城影视独创的盈利模式，这将是它最大的竞争优势。

影视产品质量把握是行业竞争的优势

在中国影视行业低迷的时代，在精品电视剧供不应求的今天，影视产品的质量将决定了影视公司的成败，就在大多数同行业还没有看清形势，重复生产低质量的产品的时候，长城影视发现了这个漏洞，并在董事长赵锐勇的带领下，致力于生产制作高质量有内涵的影视作品，其拍摄的电视剧产品既有历史意义，又有教育意义，在广电总局审核通过率高达到100%。如山看到了长城影视的与众不同，并全力支持它的与众不同，他们坚信，把握了产品质量就是把握了成功。

经验丰富的创投是两者成功结合的保障

如山创投一直秉持“长期服务，长期投资”的经营理念，注重对高科技、高成长型企业进行股权投资，兼有财务顾问、管理顾问、投融资顾问等服务功能，以王涌先生为核心的专家团队具有丰富的投资、管理和资本运作经验。目前，公司已经与业内知名证券机构、会计师事务所、律师事务所建立了长期、稳固的战略合作伙伴关系。可以看到，如山创投是一个非常优秀创业者的“陪练人”和“引路人”，接受这样的创投的服务，与这样的创投共同合作，就是对企业成功发展的最大保障。

正如创投行业要经历一场大的洗牌过程一样，中国的影视行业也将经历这样一场洗牌过程。长期以来，由于我国的影视行业准入门槛较低，企业数量众多，行业内企业实力差异较大，细分市场供求很不均衡，种种问题表现出影视行业迫切需要一次大的洗牌过程。而如何在这残酷的过程中守住江山甚至夯实基础，是全行业面临的共同课题。长城影视凭借自身的优势，加之如山创投带来的资金支持和各种增值服务，使其时刻准备好迎接暴风雨的到来。如山创投通过对长城影视的投资，实现了共赢，不仅帮助了长城影视实现其“英雄梦”，也为自己带来了丰厚的回报，并树立了在创投行业良好的品牌形象。

通过如山创投与长城影视的共同努力，使得长城影视取得了突飞猛进的发展。目前已成为全国最大的影视传媒机构之一，是国家级文化产品重点出口企业，被杭州市政府列入“杭州市现代服务业100强”和“中国新兴企业500强”行列，公司被业内评为最具社会效益和经济效益的影视机构。公司现年产电视纪录片2000集，为中国目前最大的纪录片拍摄生产制作基地和片库，共计投入2.5亿资金拍摄完成各类纪录片1000多部（集），总片长11万分钟，按每天播出一小时可连续播出六年不会重复，已发行到全国数百家电视台和畅销海外40多个国家。

小资料

长城影视佳作

2009年——《东方红》（唐国强主演）、《红日》（李幼斌主演）、《大西南剿匪记》（柳云龙主演）在全国形成巨大影响，其独家投资的为建国六十周年献礼大片《东方红》（唐国强主演）在全国12家卫视大台播出，荣获国内各类大奖；以毛泽东特赦女土匪真实故事改编的电视剧《大西南剿匪记》，首轮发行即超过6千万元。

2010年——由李幼斌、王志文主演的3千万大片《旗袍》，首轮发行已超亿元；2010年还投资3千万开拍了红色主旋律大片《旗袍旗袍》，被江苏、黑龙江、云南等强势卫视抢购；投资两千万开拍了《盖世英雄方世玉》，又即将在中央电视台隆重播出。5月份投资3千万元拍摄了反映两弹一星历程、为钱学森诞辰一百周年、建党九十周年献礼大片《五星红旗迎风飘扬》，2011年春节在中央电视台一套黄金档热播，引起巨大反响，热烈程度空前未有，社会效益、经济效益双丰收，收视群体超过六亿多人，有的省市收视率还超过新闻联播。

2011年——45集电视剧《武则天秘史》、47集电视剧《乌龙山剿匪记》、40集电视剧《旗袍旗袍》、45集电视剧《从将军到士兵》、40集电视剧《独立纵队》。2011年下半年公司还将投资拍摄45集电视剧《太平公主秘史》、40集电视剧《血色黎明》、120集电视剧《隋唐英雄》、40集电视剧《五台山抗日传奇之女尼排》、40集电视剧《五台山抗日传奇之和尚连》、40集电视剧《五星红旗迎风飘扬2》，投资额度超过8亿元。

长城影视备受关爱

习近平副主席在两会期间欣然接受了长城影视股东之一——全国人大代表赵林中赠送的《五星红旗迎风飘扬》光盘并予以好评和勉励；政治局委员刘云山专门批示给予表彰，中共中央宣传部发文要求给予重点宣传；《人民日报》、《光明日报》连续两次以《一支中国人民的正气歌》和《民族脊梁的深情礼赞》整版发文予以高度评价；中共中央机关刊物《求是》杂志罕见地以专版位置发表长城影视董事长赵锐勇的创作谈《在曲折和探索中实现民族复兴》、中央电视台连续两次在《新闻联播》中报道该剧播出后的热烈反响。

《解放日报》、《文汇报》、《南方周末》等几乎所有中央级和各大地方媒体均予以重点报道；浙江省委宣传部、省广电局、杭州市委宣传部联合国家广电总局、中央电视台、中国电视家协会等在北京和杭州分别召开研讨会予以高度好评；浙江省委书记赵洪祝和省委副书记夏宝龙、省委常委宣传部长茅临生等领导给予关心支持和鼓励；杭州市和西湖区还给予300万的重奖，浙江省委宣传部也决定给予重点嘉奖；吉林、四川、重庆、新疆、西藏等各地方卫视也已纷纷购买了重播版权，中宣部、国家广电总局发文将《五星红旗迎风飘扬》列为建党九十周年期间全国30多个省市电视台重点献礼片。该剧作为红色主旋律作品还罕见地在央视网、优酷网、新浪网等全国各大网站杀进点播率全国前十名，同时还赢得了80后、90后青年的喜爱和好评。

2011年3月，中国最大的视频网站之一优酷网进行2011年开年大剧评选，《五星红旗迎风飘扬》一举夺得五项最高大奖：最佳电视剧奖、最佳男主角奖（唐国强）、最佳编剧奖（王彪、赵锐勇）、最佳制作机构奖（长城影视）、最佳女配角奖（剧中钱学森夫人蒋英扮演者蒋林静）。该剧的投入产出也打破了主旋律作品花钱买吆喝的惯例，首轮发行已超四千万元，真正实现了“叫好又叫座”。

专家点评

当前，国家大力发展文化创意产业，出台了一系列扶持政策，行业面临很好的发展机遇。从投资的角度看，特别关注“文化企业”的两个方面：创作团队、盈利模式及持续性。作为轻资产和智力型的文化企业，创作团队是其核心价值的直接体现。资本市场发生的一件趣事应该很能说明问题：冯小刚导演喊声累，导致华谊兄弟股票连续下跌。影视企业因为“产品”的非标准，更需要不断创新，出品高质量的市场认可的作品才能保持盈利的持续性。长城影视具备了这些特点，作为全国最大的影视传媒机构之一，是一家非常优秀的企业。如山创投的介入是创意文化与创投资本的强强对接，实现了共赢。

李娟

武汉华工创业投资有限责任公司董事长

创投中国

安博教育
AMBOW EDUCATION

创业资本成就的“教育梦”

安博教育由黄劲女士于1999年在美国硅谷创办，2000年回到中国发展，最初定位于提供教育程序软件化服务。经过十几年的发展，教育培训点遍布全国30个省。安博教育的商业模式转变为以学习引擎为驱动，网上与网下教育相结合，致力于提供个性化教育服务。

美国多年的IT行业学习和工作经历，使黄劲从创业之初就非常注重与创投资本的合作，公司获得华威国际、日本集富亚洲（Jafco）、英国英联Actis、美国艾威基金（Avenue）、澳大利亚麦格理银行集团（Macquarie）、美国思科（Cisco）的多轮投资，在2007年、2008年分别获投资5400万美元和1.03亿美元，连续刷新本土教育行业股权融资的记录。

2010年8月5日，安博教育登陆纽交所（交易代码：AMBO），募集资金净额为6459万美元，首日市值7.13亿美元。华威国际投资1000万美元，持股10,500,775股，持股比例为7%，投资回报率达425%。

软件博士的“教育梦”

黄劲出生于甘肃兰州，从小到大学习一直都非常出色：15岁考取电子科技大学计算机系，1985年和1988年分别获得计算机软件学士和硕士学位，1988年考取电子科技大学和美国加州大学伯克莱分校联合培养博士，1990年赴美留学，1992年即加入美国芯片设计软件公司AVANT，成为创始工程师。

她在硅谷一直是活跃的华人分子，参与组织了一些协会，每个周末邀请成功人士作演讲，与硅谷的华人精英有着广泛的交往。1999年，她受邀参加了教育部“春晖计划”和美国旧金山总领事馆联合举办的邀请25名硅谷留学人员归国创业的活动，其余24人包括李彦宏（百度创始人）、邓中翰（中国最年轻的工程院院士，中星微电子有限公司董事长）等来自硅谷的中国博士、企业家。在教育部举行的欢迎晚宴上，时任教育部部长陈至立和副部长韦钰都认为教育是关系到千秋万代的事，邀请她能回来为中国教育做软件。

“我是学软件的，父母都是教师，自己从小在校园环境里长大，有很深的教育情结，再加上国庆观礼后激情满怀，部长又在呼唤。”黄劲自此决定把在硅谷创办的安博软件公司搬回中国。她抛弃了在美国的稳定生活，毅然回国走上了步履艰难的创业之路。

2000年的美国正值互联网泡沫破灭的前夕，有硅谷背景的黄劲用20分钟就拿到了七八百万美元的投资，回国创办了北京安博教育软件公司，进行教育软件产品的研发、生产和销售。

此后三年，安博主要做教育软件平台，包括教务管理软件等，但成绩并不十分理想，因为教育软件卖得越多，后续服务成本越高，利润相当微薄。黄劲意识到单纯的生产销售教育软件在中国是“没机会”的。2003年，公司高层经过多番商讨后，决定公司向提供教育服务转型。

其实从2000到2004年，安博一直在搭建自己的基础设施平台，即由IT管理、财务管理、师资认证体系集一身的软件智能化系统。2004年，安博教育服务业务目标被重新定位为重点解决升学和就业两大关键需求为目标，为各个阶段学习者提供高效的个性化学习服务。

他们提出了“以学习者为中心”的前瞻性教育理念，开始与教育机构合作，提供线上、线下的混合式教育，教学软件直接卖给终端用户。

安博自创立起就与创投机构有着良好的合作关系，而这时的安博，要实现公司主营业务的转变，除了获得财务支持外，安博需要得到更了解教育行业的专业咨询团队的支撑。

华威国际集团（以下简称“华威国际”）凭借自己多年教育行业投资经验，在安博众多的投资者中脱颖而出。

华威国际眼中的安博

华威国际拥有十多年的创业投资经验，依托在上海、北京、台北和美国的分支机构，专注于发现和创造大中华地区最具发展潜力的企业。华威国际先是看中了教育行业的巨大前景，再在行业内寻找潜在投资标的，挑出了安博教育。

明确教育行业巨大前景和整合趋势

华威国际将教育行业作为重要的投资领域，是根据对欧美发达国家人均收入与消费行为分析后确定的。该分析结论是：当人均GDP超过4000美金后，消费者对教育产品的消费增速明显高于对其他产品的增速。而中国的人均收入已经踏入4000美金这个界点，这就明确了教育行业的大机会已经来临。

此外，世界银行发表报告称，中国从小学到大学的学生人数占世界的17%，但是教育市场价值却只占2%，因而在未来10年内将是全球增长潜力最庞大的教育与职业培训市场。

而目前中国的职业教育市场，还属于初级市场，大部分教育领域还没有出现市场细分，而且行业集中度也很低。根据华威国际的统计：2008年中国教育市场规模高达2363亿美元，2013年有望达到6041亿美元。但与此同时，整个教育培训市场却极为分散；2008年IT培训领域的前五家公司仅占整个IT培训市场的28.9%，同期中考及高考课外培训领域前五大公司仅占整个课外辅导市场的0.93%。中国的教育业市场机会巨大，未来必然会出现行业整合者。

因此，华威国际开始寻找能做产业整合者的创业团队，先后投资多家教育产业链上的企业，安博教育就是其中一家。

出身于创投，安博企业治理规范

在华威国际看来，出身于海外创投资本的安博，它从出生就按现代企业制度建立了中国传统民营企业所不具备的法人治理结构，非常利于外部资本进入。

安博的IT技术支撑其行业地位

IT是安博发展的基础，安博教育创始人黄劲博士是一位留美计算机软件专业博士，在美国互联网泡沫爆发之时，归国创业创办了北京安博教育软件公司。

安博可以说出身于IT产业，而黄劲博士更是有着根深蒂固的IT情节，她能够更加深刻地理解IT产业为人类生活带来的巨大便利，能够看到未来更加广阔而普及的IT市场。也正是如此，安博相较于其他教育类机构最大的区别和优势就是同软件、同IT、同互联网难舍难分的牵绊，安博从最初创立开始就没有脱离过软件系统的支撑，经过多年的努力，实现了实体、网络、软件的完美结合，让互联网与软件成为人类学习的良好而强大的工具，完成了IT最本源的使命——为人类提供便利服务。

目前，安博教育集团已经是国内最具研发实力、拥有最先进技术体系的教育服务机构。安博历经核心技术体系创建及全线自主知识产权软件产品推广阶段、互联网技术与教育服务融合互动发展阶段，率先倡导“构建中国自己的开放式网络教育平台”并最早实践研创出教育部鉴定并符合国际标准的网络教育平台，安博是全国信息技术标准化委员会教育技术分技术委员会的核心创建成员，是国际化软件工程高级人才培养体系、实训体系、园区型实训基地的倡导者和最早实践者。

资本助安博发展

华威国际与安博紧密合作

在双方达成默契后，华威国际与安博教育开展了一系列的紧密合作。

2006年年底，华威国际完成对安博教育首轮投资，协助安博完成由远程教育转往企业实训业务扩张（安博实训体系获得教育部认证）。

2007年年中，华威国际参与对安博教育第二轮投资，引荐华威国际集团策略伙伴作为安博的客户，同时开始协助公司进行团队的建设及招聘，进一步完善公司管理；2008年，华威国际协助安博进行企业的并购规划及参与并购，及并购后的整合，随后，安博成立国内第一个实训基地；2009年，华威国际协助安博进行进一步的教育市场研究分析；2010年，华威国际协助安博的管理团队制定登陆纽交所的上市的规划及流程。

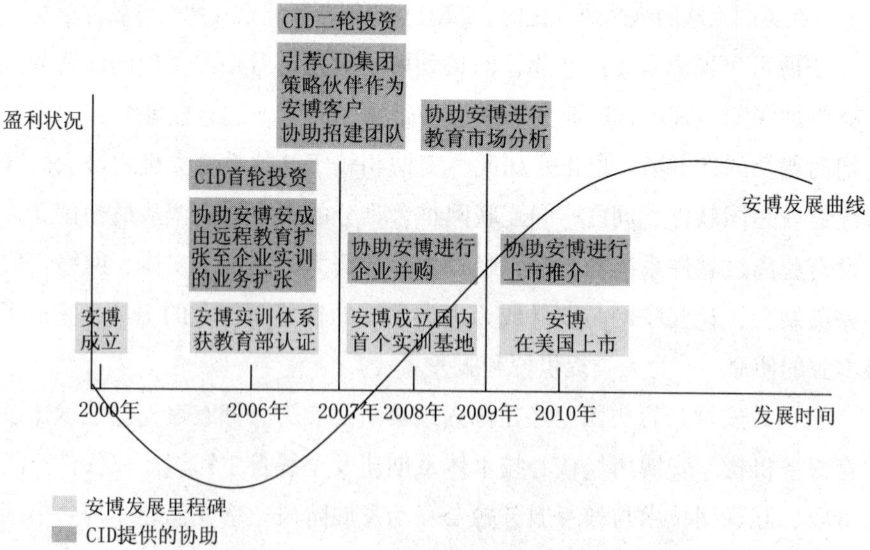

图1 华威国际提供的协助与安博教育的发展历程

全新的安博

经过十年坚持不懈的努力，安博从最初做教育软件，到第三方接入，从远程教育到实训业务的扩张，再到以并购扩张自己的规模，如今的安博，在中国教育行业具有非常竞争力的优势。

传统的规模化教育中是以施教者为中心，无法根据每一个学生、每一个学习者的能力以及已掌握的知识和弱项，来提供更为合适的教育内容。安博利用IT技术手段更好地解决这个问题。同时，安博整合了国内外优秀的教育资源，为企业提供优秀的教学内容，给社会提供优质的人才。具体来说，安博的教育服务主要有这样5个核心优势。

1.安博学习引擎

安博独创的学习引擎技术及其服务体系，开创了“以学习者为中心”的全新教育模式。

简单地说，学生在网络教育平台上学习的过程比喻为“像游戏闯关”，安博的系统会对学生“闯关”过程中的表现进行个性化评测与诊断，整理出学生自己的记忆曲线、遗忘曲线、学习效果图等，然后再“配送”个性化的学习内容和资源，并对其进行个性化的反馈跟踪和个性化的互动指导。可以说为学习者创设了一个量身打造的个性化学习环境，从而最大限度地挖掘其学习潜能。

安博学习引擎是推进学习的发动机，利用计算机网络技术，融合前沿学科成果（教育心理学、现代学习理论、能力模型与测评理论、脑科学等），通过人机交互的自适应反馈机制，实现学习与训练活动的监控、导航、定位、优化和管理，激发学习潜能，延伸学习能力，建立个性化的互动学习环境，实现高效学习的目的。

安博学习引擎是专门为“因材施教”而设计的，包括评测追踪、个性资源、智能记忆、迭代训练及顾问指导等核心技术引擎及智能化交互及管理模块。学生学习能力强，学习引擎鼓励学生快速前进，以最短的时间、最高的效率达到学习目标；反之学习引擎将自动让其放缓节奏，坚实地、稳打稳扎地推进学习。因此，学习引擎真正实现了“一对一”的教学和学习，让学习内容自动适应学生个体的学习能力。有了它，每个人在学习中都能根据自己的情况操纵自如，任游驰骋，学习便能顺流而进，水到渠成。

学习引擎技术是以硅谷归国技术专家及清华、北大等国内名校优秀专业人才为核心的研发团队、100多名研发人员历经多年的技术积累、通过与教育部、北京师范大学及全国各地学校合作的市场完善而逐步研发完成，正式投入市场5年，历经超过数十万用户的使用和验证，已经成为每个学习者学习效果获得稳定而显著提高的根本保障。通过对海量学习测评数据样本的深度挖掘和优化，准确定位个人学习能力，精确推送最适合个人学习的内容，更加符合中国学习者的基础和学习环境。

2.核心技术i3-Builder

安博核心技术i3-Builder一方面继承了安博多年来在信息技术和教育管理、远程教育等方面的优秀成果，另一方面也针对互联网的特殊互联互通、数据传输、安全机制等方面的需求进行了技术研究和功能扩展。其中i3的意义是：Information（信息）、Integration（集成）、Infrastructure（基础）。作为安博学习服务平台的系统基础，i3-Builder的目标就是迅速部署和构建高可靠性、高稳定性、高扩展性、高伸缩性、高可用性、高可维护性的基于互联网的交互式跨平台信息应用系统。

i3-Builder的优秀特性保证了技术先进性、开放性和发展空间，为安博学习服务平台构建了一个坚实的应用基础。

整个系统采用多层次设计思想，底层采用J2EE架构，中间层是面向教育领域的基础件，有门户管理、用户管理、安全管理、内容管理、电子支付、邮件、工作流、全文检索、统计报表等。软件开发者可以轻易地连接基础件而完成新的系统，大幅度地提高系统的开发速度。由于组件的接口定义清楚，因此使用简单。基础件框架与多样化的业务组件搭配，可方便而快捷地生成各种应用系统。应用i3-Builder，可以更好地控制信息应用系统的开发成本，极大地缩短信息应用系统的开发时间，同时可以极大地提高系统的质量。

3.城域教育网解决方案

安博教育集团提出的国内新一代运营驱动型城域教育网解决方案，是以安博自主研发的核心中间产品（i3-Builder）为基础，通过集中部署、统一认证、分级授权、协同管理，实现信息交流、办公管理、资源共享、运营发展的城域网建设目标。

安博城域教育网应用解决方案以地方教育行政管理部门为中心，以下级机构、学校为节点，利用成熟的网络技术、计算机技术和现代信息管理技术，集教学、学习、管理等应用于一体，解决了地区教育管理、教育统计、教学资源共享、远程教育等实际问题。它基于E-ASP（教育应用提供商）的理念，为下属机构提供了托管服务，有利于降低地区教育信息化建设的总体成本。

安博城域教育网应用解决方案已通过教育部组织的专家组鉴定，专家们一致认为，该方案“技术先进，具有较好的可靠性、稳定性、可扩展性，是国内新一代运营驱动型城域教育网，在应用上具有国内领先水平”。

4.依托核心技术建立“安博模式”

安博教育依托核心技术——学习引擎、i3-Builder以及提供教育信息化系统解决方案（城域教育网解决方案），来实现为“学习者提供完备的终生教育服务”的目标，从国内中小学基础教育，到大学教育、职业教育，再到就业后的职业培训、企业内训，安博希望为学习者提供终生的教育服务，记录一个人终生的学习情况，着眼于学习者的长远成才与发展，让每个人都能够真正高效地学习终生。

经过多年的沉淀和经验总结，安博研发和实施的8大系列、29个方向、200余个专业课程，已经获得包括世界500强在内的10,000余家企业的信赖和认可。其中，VIP客户已经超过200家。

5.安博的并购战略大步前行

十年间，从最初“卖软件”到“做服务”，安博在教育覆盖面和技术支撑上取得了长足的发展之后，开始借助创投资金大举进行行业资源整合。

一是整合教育内容。实践发现，从全国范围来看，一旦受众扩大，名师的品质很难保障，不同区域名师的服务质量也不一样，所以安博打造的智能系统，不依赖某一位个体名师，而是把上千位名师的教育经验整合在一个智能化的系统里，让一般的老师加上智能化的系统，就能够提供高品质的教育服务。这是提供规模化高品质教育服务的基础。

二是整合教育机构。教育的本质是人，如何能够找到最优秀的团队是影响教育质量的重要因素。安博在通过并购加强市场覆盖率的同时，会在当地走访寻找最好的管理团队，升级成区域服务中心，依托这个团队和区域中心，拓展区域业务。

资本成为行业整合的助推器

安博教育从出生和两次转型，一直都受到投资者的青睐，除了获得华威国际的投资，还引来日本集富亚洲（Jafco）、英国英联Actis、美国艾威基金（Avenue）、澳大利亚麦格理银行集团（Macquarie）、美国思科（Cisco）的多轮投资，连续刷新本土教育行业股权融资的记录。

安博良好的业绩表现也给了投资者一个漂亮的答卷。安博教育在2010年8月5日成功登陆纽交所。华威国际投资1000万美元，持股10,500,775股，持股比例为7%，上市可退出（以公开发行价计算）4250万美元，收益率达425%。

对于企业来说，成功上市是一个企业战略节奏转换的关键节点，许多企业在上市融资筹备过程中迅速扩张或改变某些惯有形态以适应上市规则，导致了严重的后遗症。对安博这家经过四轮资本推动，规模快速增长，登陆纽交所的教育机构来说，它未来的成功将取决于能否完成内部的消化整合，把之前的倚靠资本的“取巧”变成自己稳固的实体“根基”。

安博的资本运作上市之路可圈可点，资本市场有自己的规则和优势。安博将资本主力投入到跑马圈地的战场中，节省下了时间和精力，迅速在教育行业内抢滩，运用资本的力量以最短的时间最快地站到大舞台上去。

但是，资本并非只会带来好处，大规模并购所带来的“急速膨胀”很有可能让安博出现“消化不良”的病症。

综观安博的上市与发展，我们可以看到强大的资本推动下，隐藏的是创投资本对于市场布局调整的野心和寄望。中国的教育行业迟早要结束散漫的格局，行业在呼吁整合，呼唤强势而权威的声音，那么创投资本便愿意做这个助推器，在整合大浪来临之前塑造行业标杆，扶植优秀企业前进。安博就是这样一个在创投资本关注下，打造出的行业大旗，这杆旗究竟能否屹立不倒，引领航向，都要看安博及其背后智囊今后的每一步是否扎实精准。

小资料

华威国际集团

1998年，华威国际集团由一群拥有累计超过200年投资经验的成员创立。自创立之初，华威始终致力于实现“整合全球资源，创造综效事业”的使命。如今，华威已发展成为亚洲成长最快速的私募股权投资企业之一。

十余年来，华威专注于发现和创造大中华地区最具发展潜力的企业，依托在上海、北京、台北和美国的分支机构，运用系统化的独特投资策略，为被投资企业提供更多的附加服务，为股东创造稳定可观的投资回报。过去12年，华威的平均年化投资回报率IRR超过35%，所投资的140多家企业中，已经有40家实现IPO，另外有24家通过并购方式退出。

华威目前管理的三支基金规模达到10亿美元，基金的LP由世界各地的捐赠基金、大学基金、养老基金、金融机构、上市公司等顶尖机构投资者组成，包括新加坡政府基金GIC等主要投资人。

专家点评

安博教育的成功在于不断地进行资源整合，从教育软件到教育平台搭建，从远程教育到企业实训业务，有效地整合了传统的教育资源和网络技术资源，实现了软件产品、互联网技术与教育服务的融合与互动发展。

更为重要的是，安博教育所处的教育行业，尤其是职业教育的细分领域目前在中国还处于初级阶段，无论是行业集中度、市场规模，还是人均教育产品消费金额，与发达国家相比远远不够，同时也与中国庞大的学生数量以及快速增长的人均收入不相匹配，正是由于该领域存在巨大的市场机会，因而吸引了众多机构投资者的加入，也使安博刷新了本土教育行业股权融资的记录。

由于本身的优势，加上强大资本的助推，安博实现了令人羡慕的成功转型和上市。我们也要看到，安博教育从诞生之日起就坚持现代企业制度建设，严格按照法人治理结构搭建企业架构，有效避免了多数民营企业财务不清，权责不分的缺陷，才能从众多民营企业中脱颖而出，得到投资者的青睐，并顺利实现后期资本的进入。这样的公司创建和发展值得大多数民营企业进行借鉴。

周锦昌

德勤中国主管合伙人

创投中国

如山协力　鲲鹏展翅

创新是一个民族进步的灵魂，同样也是一个企业发展的不竭动力。“永不满足，不断学习，产品的创新，管理的改善永无止境。创新是企业的生存之源，能让企业拥有压倒性的优势，随时主动出击创造更多的商机和利润并不断挑战卓越”。正是这创新的经营理念让广州鹏辉电池有限公司（简称“鹏辉”）一步步走向成功。鹏辉电池在2001年由夏信德创办，成立之初产品销售以内销为主，出口量不大。如今，广州鹏辉能源科技股份有限公司已成为中国最大的电池生产厂家之一，产品出口到美国、德国、日本等50多个国家和地区，是中国品种最齐全的电池制造商。

2010年11月，浙江如山投资管理有限公司旗下的浙江如山成长创业投资有限公司投资鹏辉电池，持有其7%的股权。如山创投的加入为这只“鲲鹏”展翅高飞增添了坚实的臂膀。自2010年以来，如山创投通过提供决策咨询、资金投入、资源整合、完善治理结构和加强团队建设等增值服务，使得鹏辉无论销售收入还是净利润均实现了大幅增长。

鲲鹏击浪——挥别官场，决战商场

古人有诗云："云开衡岳风雨止，鲲鹏击浪从兹始。"成立于2001年的广州市鹏辉电池有限公司是中国最大的电池生产厂家之一，鹏辉电池的诞生离不开其董事长夏信德的辞职创业，在别人眼中，他的辞职创业行为近乎疯狂，但正是这一疯狂的举动造就了这一辉煌的企业。

辞职创业对大多数人来说，是一个艰难的选择，创业意味着未知，但鹏辉电池的董事长夏信德却不理会这些，他认为："我们搞技术的不懂市场，连市场在哪里都不知道，当时很多产品还不成熟，很难说自己能做成什么样，有太多的未知数。但总有一种冲动想出来尝试一下。"就是这股像孩子一般的冲劲，这种跃跃欲试的激情，成就了一个卓越的创业者，也打造了一个优秀的电池制造商。

1985年，夏信德在中南矿冶学院冶金物理化学专业毕业后直接考入了中南工业大学，攻读电化学专业硕士学位。1988年，研究生毕业后的他来到广州虎头电池厂研究所（"555"电池研究所），这份稳定的"铁饭碗"是他职业生涯的起点，在这里，他干了整整5年。由于夏信德具备不错的专业背景，踏实的敬业精神，很快便得到领导和同事们的认可。不久，他便担任了研究所副所长。然而，1994年，让广州虎头电池厂研究所的许多人万万没有想到的是他们年轻的副所长居然要辞职下海，这就如一块石头扔进了平静的池水，水面荡起了涟漪。

然而，创业之路是一条荆棘密布的坎坷之路，夏信德所走之路也不例外。1995年夏信德开始白手起家干事业，与他人合作开办电池生产厂。刚开始时，由于很多条件不成熟及合作方经营理念的不同，夏信德早期参与投资的电池厂并没有取得很好的成绩。

2001年，夏信德创办了广州鹏辉电池有限公司，鹏辉电池成立之初产品销售以内销为主，出口量不大，产品销售一直未有大的进展。如何实施"走出去"的发展战略，积极参与国内、国外市场的竞争，提高鹏辉电池的出口量成了他首要解决的问题。他千方百计拓展外销渠道，除了亲自带队参加一些出口商品交易会和展览会，还坚持走市场多元化的发展道路，建立了一支精干、高效、业务能力强的对外经销队伍，开拓了美国、德国、日本和港澳台等市场，与国际著名的电池经销商建立了良好的合作关系。在他的努力下，产品开始逐步打入美国、德国、日本、港澳台等50多个国家及地区市场，年出口额达到了1500万美元。同时，经过不懈努力，鹏辉的产品包括镍氢、锂离子、锂锰、锂铁、锂氩硫酰氯及电子产品等六大系列200多个品种，也先后通过了ISO9001（2000版）、UL、CE、RBRC等认证。

图1 产品

夏信德说，鹏辉能在短时间内迅速崛起，是与员工的责任心和追赶分不开的，强调“责任心和追赶”，是因为起步晚的鹏辉人必须有加快发展的紧迫感。他谦虚地说：“公司能取得这样的成绩，不是我个人的功劳，是所有鹏辉人共同努力的结果。公司成立伊始，我就对自己说，‘宁愿少赚点钱，必须让客户满意’。因此，我们提出了‘产品零缺陷，服务零距离’的经营宗旨，为客户提供高品质的电池和服务。”

夏信德毅然决然的挥别官场，又毅然决然地踏进商场，不懈的努力，团队的合作，让鹏辉很快掌握了自己的核心技术，培育了自身的竞争能力，进入了快速发展的航道。广州鹏辉电池有限公司这只“鲲鹏”羽翼渐丰，未来的广阔天空等待着它的翱翔。

鲲鹏高飞之翼——技术创新

夏信德认为：“科技日新月异，在微利时代制造产业格局已基本定型。

未来的产业竞争，必定是制造能力（低成本）和产品开发能力（新技术）的较量，对于电池行业而言，最根本的是要拥有低成本制造能力及新产品开发能力的双重优势。”因此，为了能够让这只击浪而生的“鲲鹏”展翅高飞，鹏辉就以技术创新为其坚实的“双翼”，助推“鲲鹏”展翅。

早在2002年，鹏辉就率先建立了企业博士后工作站。随后，2004年，在公司研发中心和企业博士后工作站的基础上，组建了广州市二次电池工程技术研发中心。工程中心由博士后办公室、四个实验室、两个中心和资讯室组成，主要负责新产品的开发、试生产、中试和生产现场的技术指导，以及博士后工作站的技术支持与科研院校的横向联系与合作，并与中山大学、华南理工大学、华南师范大学、广东工业大学、中南大学和天津大学等国内著名高校建立了紧密的科研合作关系。工程中心已具有很强的持续创新能力，平均每年开发3～5个新产品，至少一个新产品进入中试阶段，完成公司科技项目至少4项。

另外，公司通过对前瞻性、关键性技术的不断攻关，攻克众多行业内技术难题，掌握众多核心技术。公司在正负极材料、电解液、锂离子二次电池制作工艺等方面均实现了自主研发，公司现有专利19项，其中发明专利10项，实用新型8项，外观设计专利1项。同时，公司还进行了数项科技成果的鉴定，数十项科技成果检测，均达到国际先进或国内领先水平。

近年来，公司还承担了多项国家火炬计划、科技部中小企业创新基金、粤港招标、科技支撑等国家级、省市区级科研项目，如国家火炬计划项目“超高容量金属氢化物镍电池”、国家科技型中小企业创新基金项目“新型绿色环保高能锂铁电池产业化”、广东省战略性新兴产业专项资金新能源汽车产业项目“车用锂离子动力电池及其管理系统的研发及产业化”、广东省省部产学研结合项目“高性能Si基锂离子电池的研究与开发”、广州市重大科技计划项目“钛酸锂储能锂离子电池关键技术研究与应用”、广州市科技支撑计划项目“高性能锂离子动力电池的开发”等。

镍氢电池、锂离子电池的生产过程无环境污染，不同电池种类生产流程在细节上有所不同，其主要流程基本如图2。

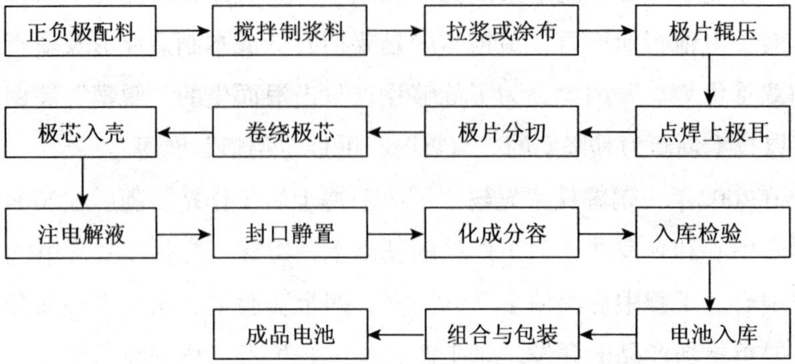

图2　电池生产流程图

2008年年底，鹏辉推出新产品，以“耐时”命名的绿色环保锂铁电池，其价格是一般碱性电池的4倍，但容量却高出很多，用在专业的数码相机上，使用寿命能达到一般碱性电池的7倍。

从国内的电池行业来看，该行业兼有资金密集、技术密集的特征，但在动力电池领域仍具有较高的技术门槛，而鹏辉的研发实力较强，特别是跟进研发能力较强，能够满足客户的多样化需求，这就为鹏辉占领市场奠定了基础。

优秀的领导团队，雄厚的技术研发能力，充足的客户需求，再加上不断开拓进取勇于创新的钻研精神，让鹏辉这只大鲲鹏扶摇直上三千里，其创新不断增加，其业绩不断上升，其荣誉也日渐增多。

近三年，鹏辉共获国家发明专利5项，实用新型专利1项，发明专利受理9项。在过去的几年里，公司业绩快速成长，尤其是海外销售占了很大比例，2009年销售额已突破3亿元，产品畅销美国、德国、日本、港澳台等50多个国家及地区，年出口额超1500万美元，2011年营业额达到4.3亿元人民币。十多年的发展，让鹏辉在行业拥有相当的知名度和荣誉。鹏辉是中国民营科技企业创新奖获得者、是国家重点高新技术企业和国家火炬计划项目参与者。

夏信德表示，鹏辉坚信创新是企业发展的灵魂，创新是鹏辉的核心经营理念之一。不断创新，让鹏辉掌握了越来越多的核心技术，掌握了低成本制造的能力和不断开发新产品的能力。

“鲲鹏展翅千万里。我们企业有这样一个好的厂名——鹏辉，寄予了我们鹏程万里的美好理想。我们这样一群平凡的人，通过不平凡的努力，一定能做出不平凡的事业。我想大鹏至少要展翅三千里吧。”这是董事长夏信德在2006年公司成立5周年庆典会上向全体员工表达的殷切希望。

“鲲鹏”要想展翅三千里，是需要雄厚实力的，因此，在销售上，鹏辉建立了worldwide的服务网络，与全世界的客户建立了长期的合作关系，客户包括全球一流的品牌电池制造商——飞利浦，德国一流的零售连锁商——Aldi，世界第六大EMS业者、世界500强企业——捷普科技（Jabil），全球最大的移动DVD/移动电视代工厂之一——华忆科技，国内最大的移动照明生产商之一——海洋王照明，国内最大的太阳能灯出口制造商——铨欣照明。在完善销售网络的同时，夏信德还致力于提高生产效率和降低成本。他推行电子商务，掌握市场动态，对国际市场同类产品的销售、价格及今后趋势等进行分析研究。他还深入生产一线抓技改，鹏辉研发的高容量镍氢电池项目，已被确定为番禺区科技示范项目、广州市科技攻关引导项目、国家科技部火炬计划项目；软包装锂离子电池也被确定为广州科技攻关重点项目。鹏辉率先在国内推出1800mAh以上高容量电池，其中AA－1850mAh高容量镍氢电池项目获区科技进步一等奖，鹏辉软包装锂离子电池获广州市科技进步二等奖。2007年，鹏辉电池有限公司被科学技术部火炬高技术产业开发中心认定为重点高新技术企业。2009年公司研发中心被认定为“广东省省级企业技术中心”。

助飞之力——市场前景+政策支持

电池具有广泛的应用领域，包括汽车、电动工具、数码产品等，目前，世界各国政府都在积极鼓励发展电动汽车，电动汽车是动力锂电池最大的应用市场，用于驱动电动汽车的电池主要有四种：镍氢电池、铅酸蓄电池、锂离子电池以及燃料电池，这种广阔的市场空间照亮了鹏辉的美好前景。

虽然中国已经与日本、韩国成为世界锂电池制造行业的三大国，但并不是强国，在全球锂电池产业链中仍处于中低端。国内锂电池生产企业普遍存在规模小、技术含量低、产品相对单一等现状，能够提供生产锂电池系列产品的综合型企业少，市场竞争主要集中于中低端市场，高端产品之间的竞争主要集中在国内仅有的几家企业与国外产品之间。未来几年，二次电池已开始发生结构性转变，锂离子电池将逐渐取代铅酸电池，而锂离子电池中又以安全性最佳、具有大电流、循环寿命长的磷酸铁锂电池最具发展潜力。

除了强大的市场潜力外，电池行业的发展也得到国家政策的支持。“十一五”期间，电池行业优先发展的重点领域包括：高容量锂一次电池；高功率动力氢镍电池，高容量氢镍电池；锂离子电池与聚合物锂离子电池等。在国家科技部、财政部和国家税务总局联合发布的《国家重点支持的高新技术领域》中，“新型高容量、高功率电池与相关产品”被列入第六大类“新能源及节能技术”中的“新型高效能量转换与储存技术”。鹏辉所生产氢镍电池、锂离子电池、聚合物锂离子电池、锂铁电池等产品皆为国家鼓励发展的产业，其市场前景广阔。

中国加入WTO后，世界电池生产中心正加速向我国转移，夏信德正带领着鹏辉人抓住这一历史性的机遇，勇敢地承担起构建技术先进民族品牌的历史重任，就像他们的标语一样，他们将“能动全世界”。

如山协力，鲲鹏高飞

雄厚的研发实力，领先的技术，极佳的质量，这些优势使得鹏辉成为电池行业的“领头羊”，如此优异的成绩使得企业闪着耀眼的光辉，但是如果因为这些战绩而驻足不前，这就违背了它成立之初的“使命”——能动全世界。

作为一个以技术为核心的高科技企业，技术的研发及创新是其取得竞争胜利的重要法宝，鹏辉也是这样的践行者，但是技术的开发需要大量资金的注入，回望世界上的高科技企业大多在其成长的道路上有过资金的帮扶。而且，只有运用先进的设备，才能研发出属于自己的专利，这些先进设备的购置需要大量的资金，资金链一旦断裂，整个企业的发展就难以为继，也就延缓了企业发展壮大的步伐，为了缓解自己的资金难，企业需要融资，而融资的渠道之一就是寻找创投机构的介入。

2010年11月，如山创投旗下的浙江如山成长创业投资有限公司投资广州鹏辉电池有限公司（2011年9月，广州鹏辉电池有限公司完成股份制改造，更名为广州鹏辉能源科技股份有限公司），占股7%，“鲲鹏”高飞由此开始。

浙江如山投资管理有限公司是盾安集团旗下一家专业从事高科技成长型企业股权投资的专业机构，总部位于浙江杭州，公司秉持“长期服务，长期投资”的经营理念，注重对高科技、高成长型企业进行股权投资，兼有财务顾问、管理顾问、投融资顾问等服务功能，重点投资新能源与清洁技术、先进装备制造业、新材料、与消费和服务相关的新经济等领域。通过充分发挥自身及盾安集团的产业资源优势和社会资源优势，竭力为被投资企业的发展、扩张以及上市提供贴身服务，完善公司治理结构，提升企业价值。因此，鹏辉接受如山这样优秀创投机构的服务也将会百尺竿头，更进一步。

在投资鹏辉之后，如山创投按照自己的经营理念积极推进其对被投企业鹏辉电池的增值服务工作，如山创投董事长王涌携人力资源部、绩效考核部、财务部、生产管理部等相关主管前往鹏辉进行对接，加强其在方针、目标、绩效考核、现场管理、生产管理、采购管理、公司治理等方面的建设。另外，如山还组织鹏辉中高层管理人员到盾安集团浙江诸暨生产基地进行考察、交流、学习，同时，充分调动各方面的人脉资源，为鹏辉在整合市场资源、加强团队建设等方面出谋划策，做辅助工作。

具体来讲，针对广州鹏辉之前存在的家族式管理特点，如山创投首先协助其完善了董事会、监事会等法人治理结构及管理体系，帮助其搭建现代化企业管理制度；在公司管理方面，如山创投通过帮助其完善合理的薪酬激励机制，在提高员工收入的同时，也提高了高管及员工的主动性和积极性。

投资前，鹏辉的产品种类较多，但一直没有真正形成自己的主导产品，为了改变这种从属的局面，如山积极地与公司高管团队进行有效沟通，为公司的宏观战略规划献计献策，优化产品结构，提升其竞争力。目前，鹏辉总体上镍氢电池的比重得到了稳步下降，但锂离子电池比重却快速增加，产品结构也日趋完善，特别是聚合物锂离子电池（应用于蓝牙、MP3、MP4、无线电话等电子产品）、动力电池（应用在电动自行车、电动汽车、电动工具）、储能电池（应用在室内、室外储能如太阳能路灯）的应用领域广泛，市场前景良好。公司通过扩建锂离子电池生产线以及关键材料——磷酸铁锂的研制，实现了生产自动化，提升了产品档次；同时，公司还对镍氢电池生产线、锂铁电池生产线实施了技术改造，提高了生产效率，有效地降低了生产成本。其所引进的精密程度较高的检测设备、测试设备和信息化管理系统，也较大地提升了新产品的研制能力。

如山创投的增值服务工作无微不至，既是鹏辉的益友，又是鹏辉的良师。自2010年以来，如山创投通过提供的决策咨询、资金投入、资源整合、完善治理结构和加强团队建设等增值服务，积极地为鹏辉的持续健康发展增砖添瓦，得到了鹏辉的好评。在引进如山的投资之后，无论销售收入还是净利润，鹏辉均实现了大幅增长。

目前广州鹏辉能源科技股份有限公司已成长成为中国最大的电池生产厂家之一，主要生产聚合物锂离子、锂离子、镍氢二次充电电池，锂锰、锂铁、锂亚硫酰氯一次环保电池及充电器等，是中国品种最齐全的电池制造商。凭借着电池行业的十年从业经验，公司可以为客户提供从电芯到成品电池组合在内的完整系列产品。鹏辉研发部目前拥有公司各类工程技术人员284人，5个综合型实验室，能够充分吸收各种最先进的技术，开发新产品，确保产品能满足市场和客户的要求，奠定了公司在电池行业的领先地位。

从如山对鹏辉电池的投资，可以看出，优秀的团队，先进的科技，仍然是投资成功的关键因素。鹏辉电池的创始人兼董事长夏信德是领导团队的核心人物，他的执著与努力造就了鹏辉的今天，然而，对待外界的赞誉，他却表现得非常低调，而对行业的发展前景，他则始终充满信心。另外，鹏辉一直坚守的创新理念也为鹏辉插上了腾飞的翅膀，不断运用新的科技创造出新的产品，领先市场，占领市场。优秀的领导团队就像是鹏辉的左翼，而创新的精神就像是鹏辉的右翼，左右翼的共同努力，造就了鹏辉这只大鹏的展翅翱翔，扶摇直上。

鹏辉的左右翼固然很重要，但鹏辉的成功不仅如此，如山创投的协助也是关键的因素之一。如山创投一直秉持“长期服务，长期投资”的经营理念，注重对高科技、高成长型企业进行股权投资，鹏辉就是他们的理想标的。从以上如山对鹏辉的协助中，我们可以看到，如山创投是一个非常优秀、负责任的“陪练人”和“引路人”，接受这样的创投机构的服务，与这样的创投机构共同合作，就是对企业成功发展的最大保障。

小资料

浙江如山投资管理有限公司

浙江如山投资管理有限公司目前旗下管理五家“如山”系创投公司：杭州如山创业投资有限公司、浙江如山高新投资有限公司、浙江如山成长创业投资有限公司、诸暨鼎信创业投资有限公司和浙江华睿如山装备投资有限公司，专业从事高科技、成长性企业股权投资，兼具财务顾问、管理顾问、投融资顾问等服务功能，以业内特有的“服务+融资”新型业务模式为高科技成长型企业提供服务。核心团队及顾问成员具有成功的创业经历和丰富的投资、管理和资本运作经验。

2009～2010年共投资科诺伟业、南通锻压、长城影视、吉林昊宇、运达风电、海鑫科金、广州鹏辉、上海远成等16家企业，投资金额达35654万元人民币，其中领投项目多达11家，中小企业有6家。

对企业提供的增值服务为：充分利用产业背景优势，为所投企业做好增值服务工作，包括“两类标准”推广、方针目标考核、绩效考核、生产管理、采购管理等建设；组织项目公司中高层管理人员到产业基地进行考察、交流、学习。同时做好与中介机构的协调工作，积极推动项目公司的上市筹备工作，所提供的增值服务工作获得了项目公司的一致好评。

专家点评

研发和创新能力是高科技企业腾飞的翅膀

锂电池生产作为朝阳行业，在未来环保节能的大背景下，发展前景毋庸置疑。投资在这样一个竞争激烈的技术密集型行业，关键要看企业的研发和创新能力能否从行业中脱颖而出，否则最终只能被市场所淘汰。鹏辉早在2002年就创建了博士后工作站，并积极与科研院校进行技术合作，不断推出新产品并注册专利，通过技术研发的优势，从众多电池生产企业中脱颖而出，并打开国际市场。

政策和资金支持是企业生存发展的保障

除了企业自身拥有的研发实力和领先技术以外，国家政策以及资金的扶持也为企业的发展提供了重要的保障。最新出台的《电动汽车科技发展“十二五”专项规划（摘要）》为鹏辉在内的电池生产企业指明了发展方向。此外，高科技企业的研发往往需要大量的资金投入，对于缺乏融资渠道以及融资成本高昂的中小型企业来说，资金往往成为企业快速发展的主要障碍，如山创投的战略投资为鹏辉解除了企业资金上的后顾之忧，并通过新的战略结盟，为鹏辉提供了企业管理和市场拓展等方面的支持，帮助鹏辉在销售和净利润上取得大幅增长，在电池行业地建立了领导地位。

阚治东

东方汇富创业投资管理有限公司总裁

创投中国

DINGHAN
鼎汉技术

厚积薄发　扛“鼎”之作

2009年10月30日，深交所举行的“创业板首批公司上市仪式”将28家优秀的企业推向了公众的视野，跻身其列的北京鼎汉技术股份有限公司（简称“鼎汉技术”）就是一个创投企业与行业翘楚合作的完美典范，成为一向低调的创投界实力派中国风险投资有限公司（以下简称“中国风投”）的扛“鼎”之作。

鼎汉技术由顾庆伟于2002年创立，主要研发和销售轨道交通电源系统，技术领先，行业地位突出。顾庆伟曾担任华为公司北方华为财务总监，鼎汉技术管理层大多来自华为公司，管理有序、制度规范。经过多年的市场开拓，鼎汉技术建立了覆盖全国的营销网络和服务网络，并且各个业务都形成了独特的业务模式。

2007年中国风投以现金方式出资1000万元，这占到了鼎汉技术公司增资后注册资本的4.13%。中国风投进入鼎汉技术以后，不仅给鼎汉技术提供了市场整合的便利，而且为企业推荐兼并收购的机会，公司业绩迅速迈上一个新台阶。

2009年10月，鼎汉技术成为首批创业板IPO企业，首发价37元，上市首日上涨86.51%，收盘价69元。按上市首日收盘价计算，中国风投共持有158.40万股，市值达1.09亿元，投资回报率达10.9倍。

小“华为”大梦想，带着华为血统诞生

图1 北京鼎汉技术股份有限公司办公楼

顾庆伟，1972年11月出生，1993年毕业于江西财经大学农业财务专业，2002年他还在担任华为公司北方华为财务总监的时候就创立了鼎汉技术，2003年顾庆伟彻底离职，开始专心运作鼎汉技术。鼎汉技术的董事会成员几乎全是华为系班底，鼎汉技术中层管理者和技术团队的核心也大多来自华为公司，这一切都在告诉世人鼎汉技术很像一个“缩小版华为”。鼎汉技术董秘张霞表示：“我们都很认同华为的文化。”虽然大家离开了华为公司，但公司的管理理念几乎是华为文化的延续。在华为呆过的人都知道华为独特的“狼性”企业文化，也知道著名的《华为基本法》。“狼性”文化强调团结协作、集体奋斗、自强不息、荣辱与共、胜则举杯同庆、败则拼死相救。《华为基本法》强调“获益”和“公平”，华为企业文化建立的一个前提，是要建立一个公平、合理的价值评价体系与分配体系。这些都被鼎汉技术的华为老员工借鉴了过来。作为世界500强的华为精神不仅让鼎汉人得以熏陶，也让他们习得了优秀的企业管理能力，财务报告、组织架构、生产流程都是井井有条、科学规范。

鼎汉技术的管理优势成了公司的闪耀光环，不禁让中国风投在尽职调查时眼前一亮，为中风投最终选择投资鼎汉技术起了很大的作用。“比同类型企业的管理水平至少高两个档次。”中国风投投资经理徐建伟一语中的地道出了鼎汉技术的管理优势。

“我们希望把鼎汉做成中国轨道交通领域一流的电气设备供应商”，鼎汉技术的上市使董事长顾庆伟的资产达到9个多亿，但是顾庆伟并不过多关注其个人财富。和他的前东家华为公司总裁任正非一样，顾庆伟也怀揣着一个“百年老店”梦。这就是创业者的品质，他不是为了个人财富的增长，而是要打造一份前所未有的事业，在创投界所谓的“投资就是投人”指的就是这样的人。

专注成就卓越，规范引领创新

“作为一群华为离职员工开办的企业，鼎汉技术必须规避与华为公司的同业竞争。”华为公司有大量集中于铁路通讯领域的业务，其中包括程控交换机、通讯电源、系统集成工程等，为了规避竞争，鼎汉技术只能将主要业务集中于轨道交通电源领域。

目前鼎汉技术生产的电源系统主要包括四种：轨道交通信号智能电源系统、轨道交通电力操作电源系统、轨道交通屏蔽门电源系统和轨道交通通信电源系统等。轨道交通信号智能电源系统是为轨道交通信号设备提供高可靠性、高稳定性交直流纯净电源的电源设备，是信号系统的核心组成部分，被誉为轨道交通信号系统的“心脏”。轨道交通电力操作电源系统是为轨道交通电气化线路的综合牵引供电系统控制设备供电的电源设备。轨道交通电力操作电源系统作为轨道交通综合牵引供电系统重要的组成部分，其可靠性直接影响到轨道交通供电和行车安全，在轨道交通运营中起着重要作用。轨道交通屏蔽门电源系统是为保障城市轨道交通车站环境控制及乘客安全的屏蔽门系统供电的电源设备。伴随着高速客运专线、城市轨道交通的快速发展，轨道交通屏蔽门电源系统迎来了高速发展时期。轨道交通通信电源系统是为轨道交通通信设备供电的电源设备。凭借在轨道交通信号电源领域积累的渠道优势以及对客户需求的理解能力，鼎汉技术选择与国际知名的通信电源设备供应商——艾默生网络能源有限公司进行战略合作，为我国轨道交通市场提供通信电源系统解决方案。

鼎汉技术根据行业的特点结合自身优势制定了符合公司运作并且能不断

促进公司发展需要的业务模式，体现了公司高层卓越的管理才能。公司以轨道交通电源行业客户需求为导向，重点投入公司价值创造核心环节的研发和销售，供应链非核心环节则采取外包方式，建立高效的管理运作支撑平台。公司的研究开发、采购供应、生产制造、市场营销都形成了自己的一套体系，并有持续创新机制使业务模式与时俱进，历久弥新。

研究开发过程详细且有制度可依

鼎汉的研究开发策略一直以客户需求为导向，他们建立以项目运作为核心的产品研发项目管理流程，并以此流程实现了轨道交通电源系统设计、开发的项目化运作，并且提高了成果交付的时效性。

该流程将整个产品研发过程划分为调研设计、计划、开发、测试验证、市场推广五个阶段。并且在每个细分的阶段内部针对市场、硬件与软件开发、测试、客户服务、物料采购、制造装备试制、财务等领域定义了完整的流程和操作指导。

这样就形成了一个规范的项目运作流程，有效地缩短了研发周期。

采购计划因需而定并有专家指导

鼎汉技术根据客户订单进行生产，再根据生产进行采购。每月公司都会预测未来6个月的需求，同时考虑当月订单产生的采购需求，制订出每月的物料需求计划，并以此制定相应原材料采购计划。

为保证原材料质量，同时降低采购成本，公司也创造性地在采购上制定了一个运作管理流程，该流程的核心就是邀请了一批供应商管理专家、技术专家、商务专家组成一个物料专家团（CEG）参与整个流程的运作。具体流程见图2。

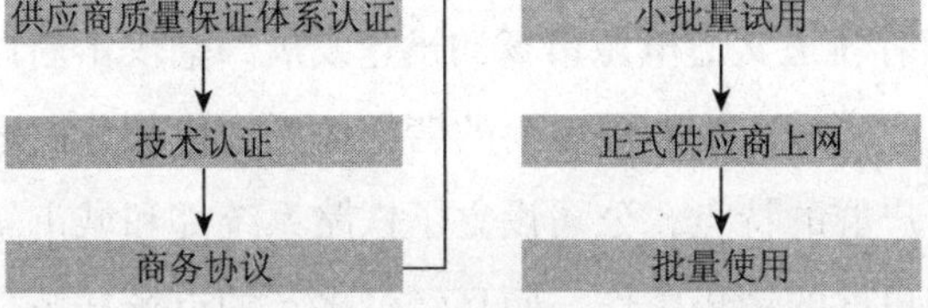

图2 鼎汉采购运作管理流程（资料来源：鼎汉技术招股说明书）

兼有自主生产和委托加工

鼎汉技术的生产采取自主生产和委托加工相结合的方式，核心部件和整机总装、调试等核心生产工艺和高技术含量的加工工序由公司自主完成，劳动密集型、加工工艺简单的低附加值生产环节（如制成板加工、结构件定制等）则采取委外加工的生产模式。具体环节见图3。

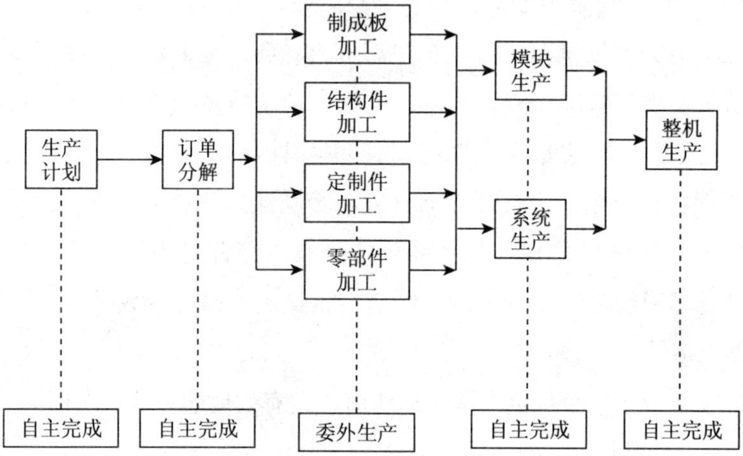

图3　鼎汉生产制造流程图（资料来源：鼎汉技术招股说明书）

直销模式建立起全国销售网络

轨道交通电源市场的客户群主要是铁道部下属各铁路局以及各城市轨道交通公司，具有较强的行业性和地域性特点，技术的普遍性和独特性并存。根据这些特点，鼎汉技术设计了独特的直销模式，围绕不同客户群展开具体营销工作。采用直销模式不仅可以减少公司与用户沟通的中间环节，使公司及时、客观地了解市场动态，与订单式生产形成配套，而且也有利于客户资源管理、技术交流、订单执行、交付实施、货款回收等业务的开展。

近年来，随着轨道交通电源市场的迅速发展，鼎汉不断调整和充实营销思路，以建立适应未来市场发展需要的营销体系，优化"向客户传递价值"的途径。根据客户群的特点，公司设立了铁路系统部和城市轨道交通系统部分别负责相应客户群的销售工作。而且经过多年的市场开拓，公司已建立起覆盖全国的营销网络和服务网络。

鼎汉在各个业务都形成了独特的业务模式，更为关键的是鼎汉还为这套业务模式制定了一个持续创新机制。

鼎汉技术在总经理办公室设了一名副总经理，并配置专职人员来专门建设公司的业务模式并进行持续优化，公司把这套机制命名为PDCA机制（见图4）。每年年初，该机制负责人根据公司当年目标和市场发展趋势、市场竞争状况、公司发展目标等要求策划、组织公司当年业务模式建设或优化项目的实施。实现业务模式持续优化将有效支撑公司不断适应市场需求和竞争需要。

同时公司的审计部会辅助该项优化工作来进行流程审计，定期对流程的有效性进行审计评估，指导当年相关的流程建设或优化项目；不定期抽样审计流程执行是否符合，从而推动公司流程制度切实执行。

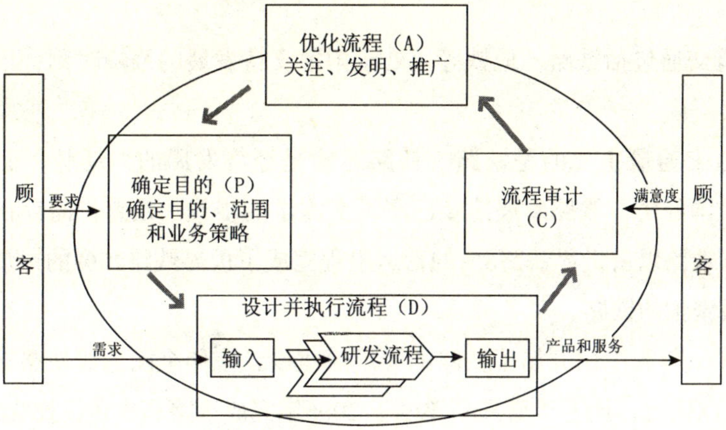

图4　公司业务模式的PDCA机制图（资料来源：鼎汉技术招股说明书）

目前，鼎汉技术已经从几个方面完成了业务模式的持续建设和优化：①完成了人力资源管理业务模式建设，全面建立了人力资源管理运作流程体系，包括人力资源战略规划、部门职责及岗位设计、任职资格管理、绩效考核管理、激励机制管理、招聘调配管理、人事管理、企业文化和价值导向管理等。②完成了供应链管理业务模式建设，全面建立了供应链运作流程体系：包括MRP模式的计划管理、订单履行管理、物流管理、供应商及采购管理、生产质量管理等。③初步建立了以项目为核心运作模式的技术开发和产品开发业务运作模式。④初步建立了“客户线+产品线”营销业务模式，实现客户与产品相结合的矩阵式产品推广和销售项目运作模式。设置了专职应收账款回款的市场财经人员，有效改善了应收账款账期，促进了公司现金流状况的改善。

当中国风投看完鼎汉技术这一套规范的流程体系，甚为感叹：规范自不必提，创新亦很突出。从研发到采购到生产再到销售，公司紧紧抓住客户这一导向，形成了一套可套用的模板，不仅提高了效率，而且具有极强的针对性。更重要的是，公司还创设了持续更新的机制，使得公司在面对风云变幻的市场时能做出改变，大大提高了公司的竞争力。

政策相助，行业未来空间巨大

轨道交通包括铁路、地铁等正处于国家支持发展的巅峰时刻，市场容量空前扩大。

轨道交通最主要的是铁路。铁路运输是经济发展的大动脉，面对飞速发展的中国经济，铁路发展速度已跟不上需求的步伐。铁路供需存在很大缺口，中国铁路以占世界铁路6%的营运里程完成了世界铁路25%的运量，成为世界上最繁忙的铁路。

从2005年起中国开始了铁路的大规模建设，该年全国完成铁路基本建设投资880.18亿元，比上年增长65.59%；2006年完成铁路基本建设投资1,542.50亿元，比上年增长75.25%；2007年完成铁路基础建设投资1,789.99亿元，比上年增长16.04%；2008年完成铁路基本建设投资3,375.54亿元，在上年的高基础上增加了1,585.55亿元，增长88.58%，是“十五”基本建设投资总额的1.1倍。具体见图5。

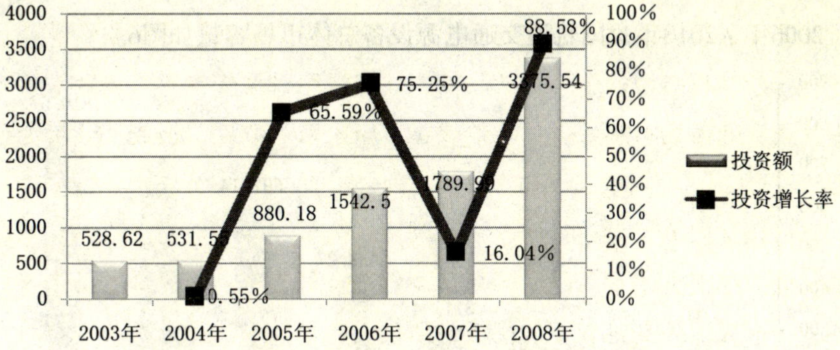

图5　全国铁路基本建设投资（数据来源：铁道部《2008年铁道统计公报》）

2008年10月31日，国家批准调整《中长期铁路网规划》。调整方案将2020年全国铁路营运里程规划目标由10万公里调整为12万公里以上，其中客运专线由1.2万公里调整为1.6万公里，电气化率由50%调整为60%，规划建设新线由1.6万公里调整为4.1万公里。这一调整进一步增大了铁路建设的力度，铁路建设即将进入高速发展期。

首先，加快客运专线建设。因为旅客运输需求在快速增长，所以建立省会城市及大中城市间的快速客运通道势在必行。

其次，路网布局和西部开发性新线也需要完善以扩大西部路网规模，完善中东部铁路网结构，规划建设新线约4.1万公里。

最后，为了提高路网既有通道能力，必须要改造技术并建设枢纽。

随着金融危机的到来，国家为了扩大内需、促进经济增长，更加重视铁路等基础设施建设——铁路建设将迎来爆发式增长。

除了铁路，城市轨道交通的发展也在加快。随着城市化进程不断加快以及人们时间观念的加强，对准时、安全、快捷的交通方式的需求越来越大。为了缓解城市交通拥堵情况，地铁建设开始在大部分城市展开。

随着我国轨道交通投入力度不断扩大，轨道交通所必需的电源的市场容量也会随之迅速扩张。

轨道交通电源设备市场涵盖范围广泛，主要包括：轨道交通车载主/辅电源设备、轨道交通不间断电源设备、轨道交通通信电源设备、轨道交通信号智能电源设备、轨道交通电力操作电源设备、轨道交通屏蔽门电源设备等。

2006年～2013年我国轨道交通电源设备总体市场容量如图6。

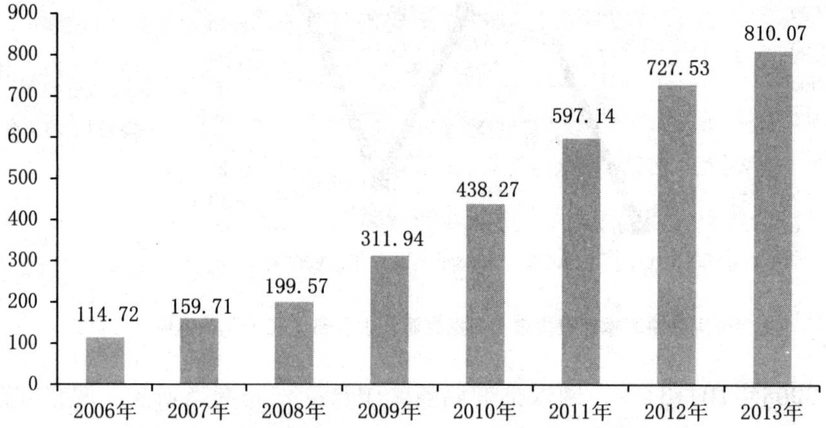

图6　中国轨道交通电源市场规模（单位：亿元）（数据来源：鼎汉技术招股说明书）

在鼎汉技术的四种主要产品中，有的产品鼎汉已经做得很成熟，打造了一定的品牌优势，有的产品却刚刚涉足，还有较长的路要走。

信号智能电源系统——地位难撼动

轨道交通信号智能电源产品具有定制化的特点，即通常是根据线路、站点信号设备供电的需要进行模块组合设计和参数调整，产品价格差异比较大。预计2012年全国轨道交通信号智能电源系统收入仅在铁路一项就可达到10亿元。

鼎汉技术最擅长的领域在于信号智能电源系统，2008年间公司市场份额为30.03%，高于其他企业，处于行业领先地位，而且国家铁路属于国家垄断行业，根据《铁路运输安全设备生产企业认定办法》（自2005年4月1日起施行）的规定，铁路建设项目所需要的轨道交通信号智能电源系统只能在铁道部认证许可的厂家范围内进行选择。这就给予了鼎汉较高的制度壁垒，再加上它本身的技术优势，都使其在信号智能电源系统的地位很难被撼动。

电力操作电源系统——头角已崭露

从近几年来看，我国铁路的全面提速和电气化里程的不断提高都要求国家投入巨资对铁路系统进行改造，这也带动了轨道交通电力操作电源产品需求量的增长。此外，现有电气化铁路电力操作电源技术还处于20世纪80年代水平，技术陈旧，可靠性低，已不能满足电气化铁路现代化发展的需要，因此需要进一步地更新换代。预计铁路电力操作电源销售收入2012年可达2.65亿元，地铁、轻轨等2012年可达1.56亿元。

电力操作电源行业的生产企业众多，但无优势厂商。鼎汉技术凭借其在其他电源领域的先进技术、应用经验以及良好的市场渠道和品牌优势，很快就在市场当中占领了一席之地，并分别于2008年、2009年完成了产品的开发和用户环境的试验工作。

屏蔽门电源系统——红海中争优

目前，轨道交通屏蔽门电源系统主要还是应用于城市轨道交通领域，轨道交通屏蔽门电源系统的市场需求主要来自于新建城市轨道交通、原有城市轨道交通的站点改造以及高速客运专线的站点建设等。

随着我国城市轨道交通投入的加大以及屏蔽门需求的增加，屏蔽门电源的生产商和系统集成商越来越多，行业竞争也会逐步加剧。鼎汉把这个行业也作为新的利润增长点，尽力加快实现其产品的规模化生产。

通信电源系统——逐渐受重视

铁路通信电源系统是铁路通信设备正常运行的基础，也是构成各种通信手段必不可少的组成部分，对确保通信质量具有重要的影响。铁路系统的改造及铁路通信、信号系统等都要配套大量的电源产品。城市轨道交通通信电源系统承担车站、控制中心、车辆段通信设备的供电。

为了能最大限度满足客户的需求，在不同的轨道交通通信电源项目中，公司需要提供多种设备的有机组合方案，方案的确定取决于各地自然条件、技术需求、预算水平、经济发展和未来规划等多方面因素。鼎汉未来将积极拓宽产品线，在智能分时配电设备和智能配电监控设备等方面增大研发投入，加速产品推出速度，满足轨道交通市场迅速增长的需求。

不靠运气靠实力，中国风投遇到鼎汉

“是有些巧合，但绝非运气。”中国风投总裁王一军这样评价对鼎汉技术的成功投资。2007年11月28日，距离跟鼎汉认识只有一个月，中国风投就决定对其投资了，王一军解释“正符合我们的胃口，印象很深刻”。

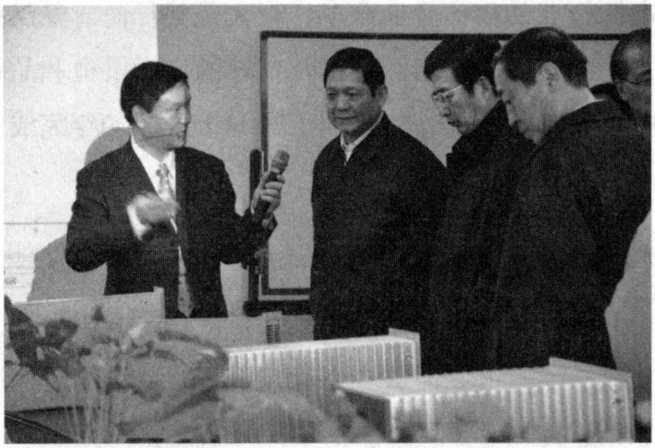

图7 北京市委书记刘琪、市长郭金龙等领导视察鼎汉技术

“我们在2007年之初就对国家‘十一五’期间大力发展轨道交通的规划进行了深入研究，对这个行业相关领域有着比较深刻的认识，本身就已经决定要选择与轨道交通发展相关的企业进行投资。”王一军说。

中国风险投资有限公司是由中国民主建国会中央委员会（简称“民建中央”）发起成立的专业从事风险投资的有限责任公司。

中国民主建国会是主要由经济界人士和有关专家学者组成的民主党派。1998年，民建中央提出了《关于加快发展我国风险投资事业的几点意见》的提案，在国内引起巨大的反响。在民建中央的大力倡导和积极推动下，在时任全国人大常委会副委员长、民建中央主席，被誉为“中国风险投资之父”的成思危先生的直接支持、关心下，由民建会员企业参股的中国风险投资有限公司于2000年4月正式成立。这个“中国风险投资之父”的试验田看起来是出身不凡，但风格却不是“风险”型，成立的前六年只投资了5个项目，虽然数量少，但是质量高，并通过对这几个项目的经验总结和用心思考，中国风投从中收获了很多，并为今后的发展打下了坚实的根基。用王一军的话来说，就是“埋头潜心学习”。

中国风投的长征历程跟深圳创业板的诞生过程有着极为相似的发展曲线。在中国风投成立后的6年时间里，其管理团队一直处于“探索和学习”的状态，正如公司总裁王一军所说：“提出创业板的初期，很多家创业投资公司冲动、膨胀，但如今都不见了踪影，而我们始终遵守成思危主席提出的要求，专业专注，谨慎投资。”厚积薄发——这是中国风投所追求的。

2006年开始，中国风投突然发力，到2010年已出手20多个项目。其中已有6个项目在香港、深圳中小板、创业板上市。而与成立之初的“创业板”渊源，也体现为鼎汉技术的成功IPO。投资鼎汉技术之前，中国风投已经涉足轨道交通行业，在该行业做了大量的功课，非常看好这个行业，并且已经投资了一些行业内的公司，所以当遇到发展比较成熟的鼎汉时，公司发现鼎汉有众多其他企业不具备的优势，大有相见恨晚之感，果断投资顺理成章。如果中国风投没有深厚的积累，那他自然也没有发现鼎汉的实力。

说到优势，首当其冲的就是鼎汉的管理，鼎汉的主要骨干均来自华为，受过大企业的洗礼，管理能力和创新能力都比较强，而且继承了华为销售能力强的特点。

技术方面，鼎汉具有较为完备的研发队伍，拥有全部自主知识产权。鼎汉率先完成了依据铁道部新标准要求的产品研发，并且是唯一一家全部测试项目一次性通过铁道部认证测试的企业。受铁道部的委托，鼎汉负责并完成了全国信号电源模块互换性标准检测设备的设计和开发。行业其他公司只拥有部分核心技术或不具备研发能力，只是系统集成。

由于关键模块自主研发和生产，降低了公司的成本，使得鼎汉相比集成商而言具有价格优势。

鼎汉在其直销体系中已建立覆盖各路局、城市轨道交通、设计院和铁道部的客户关系平台，建立了从设计、应用、技术决策、商务决策等层面的普遍客户关系，显著区别其他小厂薄弱的局部单点客户关系。

鼎汉已经建立了一定的品牌优势，其产品在可靠性方面明显优于竞争对手，并且已建立覆盖各路局和城轨系统的规范服务平台。

由此可见对鼎汉技术的迅速出击并不代表中国风投的投资风格是不谨慎

的，而恰恰是中国风投在之前做了大量的功课，才能迅速而精准地命中这家有前途的龙头企业。

鼎汉与中国风投一拍即合

在2007年中国风投果断地向鼎汉技术伸出橄榄枝之前，鼎汉技术就早已被多家创投机构所青睐，而其也多次与创投公司进行接触洽谈，但最后鼎汉技术还是选择了中国风投。“鼎汉并不是很缺乏资金，他们需要增值服务和对行业有了解的投资者，这是我们所特有的，而我们也非常看好由顾庆伟带领的鼎汉的管理团队和鼎汉突出的行业地位，因此双方一拍即合。”王一军这么说到。

中国风险投资有限公司以现金方式出资人民币1000万元，这占到了鼎汉技术公司增资后注册资本的4.13%。作为一家深入贯彻“支持创新者创业”的创投机构，在中国风投向鼎汉技术注入资金的同时，也为其提供了增值服务。中国风投在鼎汉安排了一个董事席位，由中国风投营运总裁孙集平女士担任此职。作为一家成熟期的企业，鼎汉技术在各方面已经做得颇有成绩，而且由于其管理优势，中国风投在鼎汉技术的产品方面给的建议并不多，更多的是跟他分享自身的资源，还有上市过程中的辅助。

在市场拓展方面，由于中国风投投了多家轨道交通企业，这些企业在业务方面都有或多或少的联系，所以中国风投像很多创投企业一样把他们互相联系到一起，不仅给企业提供了市场整合的便利，而且给企业以兼并收购的机会。鼎汉技术因此受益，因为中国风投给他找了不少于六家收购对象。这些收购的产品增强了鼎汉的市场竞争力，同时给予鼎汉新的发展方向，比如轨道交通通信电源系统和电力操作电源系统，随着市场认知度的提高，都将成为新的利润增长点。

中国风投进入鼎汉以后，各项财务数据显示鼎汉的业绩上了一个新台阶。公司的规模增大，伴随着规模效应也在增大，每股收益从2007年的0.5660元增长到2008年的0.5976元。营业收入也是迅速攀升，从图8能清楚看到公司的效益有巨大的进步，这份成绩是对中国风投的肯定。

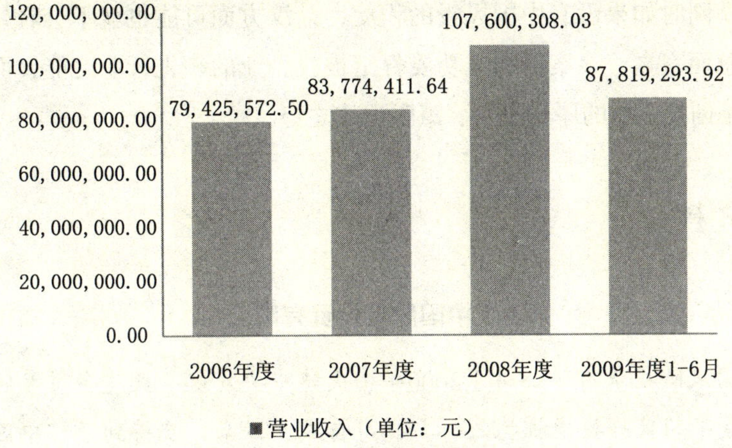

图8 鼎汉技术营业收入

慧眼才识千里马

世有伯乐，然后有千里马。千里马常有，而伯乐不常有。鼎汉是一匹良驹，即使没有伯乐，以鼎汉自身的能力应该也能成为“八百里马”，但是“伯乐”中国风投在万马奔腾中发现了鼎汉的实力，然后以培养千里马的方法来培养他，鼎汉不仅可以成为千里马，而且可以更早地成为千里马，从而把竞争对手远远地甩在后面，坐稳行业第一把交椅。

“千里马常有”，在各行各业中都存在一些有潜力的良驹，关键是能否独具慧眼。首先是对行业的判断力，对于轨道交通这个行业来说，其潜力不容小觑，中国风投行业研究做得深刻，因此会有更精准而大胆的投资。其次是对企业的判断力，对这个行业了解的多了，会接触各种各样的企业，从而有了更多的了解和认识，当潜在的千里马出现时，抓住他然后“策之以其道”，这就是投资的真经。

中国风投与鼎汉的结合就是这样一个很好的典范。轨道交通是国家重点支持而且也是国家直接管理的一个行业，准入门槛相对较高，鼎汉技术成绩斐然，逐渐成为行业标杆，与公司高层的出身和努力是分不开的，千里马的地位自此奠定。中国风投如果没有那么久的积淀，最后也许就抓不住鼎汉这个机会，同时如果没有中国风投的积淀，鼎汉方面可能也就不会看好中国风投了。总而言之，该案例的成功要肯定被投企业的领先行业之能，而更值得称道的是创投企业的厚积薄发、慧眼识才之势。

小资料

中国风险投资有限公司

中国风险投资有限公司于2000年由民建中央发起、民建会员参股设立，是国内最早的风险投资机构之一。公司自成立以来，就得到了“中国风险投资之父”、时任全国人大常委会副委员长成思危先生的关心和指导。中国风投的主营业务是创业投资和创业投资基金的发起设立及管理，重点投资领域有节能环保、新材料、高端制造、现代服务业、新能源及现代农业等，公司总部设在北京，在深圳、宁波、青岛、温州、郑州等地设有办事处。

中国风投管理资金约30亿元，在北京、深圳、杭州、宁波分别设立人民币基金共6只，其中包括与科技部引导基金合作设立的节能环保领域专业基金，以及正与国家发改委、财政部合作设立的新材料领域专业基金。中国风投目前已投资项目50余个，其中7个项目已在海内外上市，还有6个项目已向中国证监会申报上市材料。此外，中国风投还设立中国风险投资研究院，开展创业投资理论研究、出版《中国风险投资》杂志和《中国风险投资年鉴》，承办每年一届的中国风险投资论坛（中国国内最大的风险投资论坛之一）。

中国风投主要股东有中国民主建国会中央委员会、中国宝安集团、通威集团、林达集团、天正集团等。其中，中国民主建国会是以联系中国经济界和工商界成功人士为主的民主党派，会员多为成功企业家，这不仅为中国风投提供了政府背景资源、丰富的人脉资源，也为中国风投提供丰富的资金来源。

专家点评

在资本市场蓬勃发展的国度里，令人敬佩的投资家们，精心经营着自己钟情的投资事业，在这片充满了机遇、睿智、风险和丰厚回报的天地里，彰显着卓异才华。中国风投跃马横刀进军鼎汉技术，将麾下充盈的风投财富与顾庆伟优质的实业资源完美结合，不仅创造了短期商业利益和远期发展潜能同步实现的奇迹，也为2007年的资本市场，留下了一段“玉质金相，剖决如流”的佳话。

中国风投联姻“小华为”，有两个创新令人叹为观止。其一为顾庆伟领衔的鼎汉科技，在创业进取的同时，严守了现代商业的运作规则，在其核心管理团队的带领下，智慧、优雅地绕开了源自华为公司的同业限制壁垒，创造性地选择了轨道交通领域电气设备供应商这一角色，并在此基础上，继承、发展了自华为公司吸收的全部潜能，终于造就了“中国风投入资小华为”的基础。其二，中国风投的决策者们秉承着“投资就是投人”的理念，在万马奔腾之中，以伯乐之相，慧眼独具地选中了鼎汉技术，貌似不经意间的惊鸿一瞥，却已注定了鼎汉技术会在创业板上奏响开市宝钟的宿命。

郝省

国浩律师（北京）事务所合伙人、律师

创投中国

SUNBIRD

让游艇驶入创业板

2010年9月28日，有着中国“游艇第一股”之称的太阳鸟游艇股份有限公司（简称“太阳鸟游艇”）在深圳证券交易所创业板正式挂牌上市。太阳鸟游艇上市，开创了我国游艇上市的新纪元，成为国内A股唯一一家游艇制造企业。

游艇的历史在国外有数百年，在国内仅有十数年。随着中国经济的高速发展，中国的游艇产业经历了探索性的萌芽阶段，正迈入全面加速的成长期。一直和船舶打交道的太阳鸟游艇董事长李跃先看到了这个崭新的商业理想，并以坚定的决心和勇气，于2003年创立了太阳鸟游艇，立志做国内最大的复合材料船艇制造企业。同时，创东方、达晨等创投机构，也看好游艇行业在中国的发展机会，认可太阳鸟游艇的创业团队。2009年，在企业发展最需要资金支持和帮忙时，创东方、达晨等创投机构先后投资了太阳鸟游艇。

正是有了创东方、达晨等创投机构的资金支持和无微不至的服务，太阳鸟游艇踏上了发展的快车道，并一举上市成功。为了理想，为了超越，太阳鸟一直在往高处飞。今天，它已经拥有湖南沅江、广东珠海、广东宝达三个生产基地，长沙太阳鸟、上海兰波湾、香港普兰帝、美国普兰帝、意大利马可波罗五家子公司，产品远销18个国家和地区，以速度和效率创造出中国游艇企业发展的新典范。创投机构在助推了企业和行业发展的同时，也获得了丰厚的投资回报，成为创东方、达晨的经典投资项目之一。

伯乐识英雄，创东方的新发现

2009年，深圳创东方投资有限公司（简称“创东方”）副总裁潘锦正在为一期私募基金做筹备活动，考虑宣传方式时费了些脑筋，开会？度假？聚餐？当一个个没有新意的方案放在面前，潘锦轻叹一声，为什么没有一些新鲜的玩意儿呢？苦思冥想之际，有人说了句，不如租借一艘游艇出海散心吧。这个突如其来的提议迅速抓住了潘锦的眼球。

向海洋进发，进入到另一种氛围和感觉中完成工作任务，既富有新意又不失为一个放松身心的好机会。游艇会议的提案迅速被采纳，会议顺利开展，反响不错。与此同时，潘锦对海洋也产生了更为亲近的感情。

海洋对于创东方人来说并不陌生。创东方的办公室面向大海，每天都能够看到远方海天相接的日落日出，但是抛弃城市、抛下人群，漂浮在海洋中间，完全的释放自我，又是另一种体验。晴空碧日下放眼海洋，由内而外的神清气爽让浮躁忙碌的人心平静下来，望着无际的大海，人类顿觉渺小，但思维却变得更加开阔。这次海洋之旅在潘锦心中久久挥之不去，潘锦以创投人敏锐的目光捕捉到了行业的魅力，海洋事业必会有长足发展，游艇行业必将引领风尚。

潘锦从行业出发开始挖掘业内优秀的目标企业，发现太阳鸟游艇并不难。从业创投多年的潘锦之前就对太阳鸟游艇有所耳闻，这次海洋之旅之后，潘锦开始着手与太阳鸟游艇进行亲密接触。

对于这样一个高端消费升级产品，市场空间仍然不够明确，行业发展的可持续性、中国消费者消费能力是否达到游艇消费水平等问题都有待商榷。诸多不确定横亘眼前，投资还是不投资，潘锦看到了争议。他决定深入到太阳鸟游艇看一看，第一个走进潘锦视野的，是太阳鸟游艇创始人——李跃先。

李跃先，太阳鸟游艇股份有限公司董事长，国家标准化管理委员会全国纤维增强塑料标准化技术委员会游艇渔船及船用复合材料工作组成员、中国复合材料工业协会理事；他的公司是中国小艇标准化委员会成员单位、中国游艇协会副理事长单位、中国交通运输协会邮轮游艇分会会员、中国船舶工业协会会员单位、中国渔船渔机渔具行业协会会员、湖南省新材料产业协会副理事长单位、美国游艇协会会员。

拨开一切头衔来看，上世纪90年代，他只是湖南洞庭湖沅江边上一个普通年轻人。在改革开放的背景下，他也投入到创业的浪潮当中，成为新中国第一批企业家。当时正好当地一家国企背景的玻璃钢研究所要改制，李跃先就四处筹款入股玻璃钢研究所，生产一些桌椅、板凳、钓竿之类的耗材产品。但年轻的李跃先从来都不是一个墨守成规、安于现状的人，用潘锦的话说他是一个爱折腾、善思考的人。善思考就有想法，最难能可贵的是李跃先不光有想法，他还有办法。

沅江水系发达，水产业也相对繁盛，渔民众多。90年代初，大部分人用的是木质船体，久于水中易腐蚀。看到这样的情况，李跃先就考虑能不能用自己工厂生产的玻璃钢作为替代材料造船呢。经过一番尝试，他终于改造出了一艘抗腐蚀的船，而且还是一艘速度相对很快的船。接着善思考的他琢磨着给这艘新船装了个柴油机。就这样，李跃先折腾出了一个产业升级产品，并很受欢迎。

新产品的成功推出，让他对于造船业有了想法，动了心思。就这样，爱折腾的李跃先竟成了当时湖南众多小船厂中的一员。他总是喜欢把小的创造放到现实中去，这种知行结合、不断进步的良好习惯，也为他今后的成就奠定了基础。

敏于学、精于思的李跃先做起事情来得心应手，但在他创业的过程中，也不是一帆风顺，反而险象环生，带出了一份对人生的思考和对企业的钟爱。正是洞庭湖那一次生与死的较量，让李跃先决心把厂子办成企业，把企业做成大企业。

洞庭湖每年都有龙舟赛，五月初五这天，渔民、游客们欢聚观看赛龙舟。这一年赛事主办方需要一艘指挥艇，恰巧李跃先的朋友在赛事里面做事，把这个消息告诉了他。李跃先想方设法得到了打造这艘船艇的机会。时间紧、任务重，李跃先雇佣了最好的技术员全心投入完成设计制作，五月初四晚上完成之后，他夜里开着这艘小艇去对岸交付。夜间横渡洞庭湖在渔民们的传说中是很忌讳的，坊间传说洞庭湖里有桃花仙，喜欢夜间兴风作浪、狂风四起，吞没船只。其实这个传说并非空穴来风，而是夜间洞庭气象万千的写照，运气不好就会人船两失。李跃先和工人们这次就属于运气不好，而且在面对风浪时完全没有准备，小船上没有安全预警装置，更没有完备的排水系统。风浪中他们采用了最原始的排水方式——人工倒水。肆虐的风暴不知何时停止，人力终是无法斗过自然力，李跃先用尽最后一丝力气倒在船上，听天由命，他感受到了死亡的威胁。

有道是“天将降大任于斯人，必先苦其心志，劳其筋骨”，也许这就是上天给李跃先的一次考验，洞庭湖暴雨来得快去得快，仿佛上天不愿毁灭李跃先一样，在最后关头收了这个劫数，让他躲过一劫。但这次生死边缘经历却让李跃先有了一种雄心壮志。经历了生死，就会不觉产生一种豪气。李跃先回想时说他当时就一个感受“我今天没有死掉，我一定要把这个企业做大，一辈子的精力我都要投进去”。事后又将名字从李耀改为李跃先。就这样太阳鸟游艇也在未来的几年内迅速成立起来，一路乘风破浪。

李跃先给潘锦讲述这段故事的时候，眉目中光芒闪闪，透出了信心和一份执著。是李跃先的折腾、拼劲和信念深刻打动了潘锦，潘锦曾说“投资就是投人，这样的企业家不投，还要去投谁呢”。同时，李跃先和潘锦都是湖南老乡，其豪爽爱拼的性格也给潘锦留下了深刻的印象。

后来潘锦来到太阳鸟游艇位于广东珠海的工业区考察，厂内的景象让潘锦耳目一新。看过很多工厂，但是这样的造船厂潘锦还是头一次见到，漂亮厂房中工人工作严谨规范，凡事井井有条。作为太阳鸟游艇的老板李跃先坚持每天7点30分准时上班，同公司高管和中层干部一道吃早餐，早餐过程中一些任务就已经布置下去了，之后珠海工厂和湖南工厂同时利用现代高科技通讯工具进行

同步会议。李跌先这样的工作日复一日，连周六日都不休息，这是怎样一个老板？只有带有强烈的责任感和坚定的工作信念的人才能做到如此。

毫无疑问，李跃先是勤奋的，在他的治理下，工厂工作流程有着严格的规范。造船的工作绝大部分是工人手工制造的，属于劳动密集型行业，但这里密集的劳动力却散发出严肃规范的工作氛围。一个细节让潘锦收入眼底，午餐时间，每个工人从自己的隔间出来，整齐排好队，按照顺序取用餐具，出入有序。从这个细节，潘锦看到了太阳鸟游艇管理团队的能力，眼见为实，一个优秀的管理体现在方方面面，这是别人偷不来、盗不走，也无法比拟的。

在这样的规范管理下，一切井然有序，无处不彰显着生机和活力，这里澎湃的是太阳鸟游艇人的心跳，是渴望企业做大做强的信念。这样一个企业震动了潘锦的内心，他说："质量我们不懂，投资人都是从表面看实质，从细节方面能够反映出他们的管理水平和企业家的奋斗精神，一流的团队才能够创造出一流的技术，而一流的技术不一定能保住一流的团队。李跃先的团队无疑是一流的。"

优中选优，投资就是投未来

创东方的投资评估非常严格，董事长肖水龙提炼出要"四面十方"看项目，多维度地考量项目，其中最重要的是"第二面"——发掘两个优势，即寻找优势行业中的优势企业。那么作为还处于朦胧状态中的游艇业，创东方等投资公司是如何看上的呢？

事实上在潘锦决定投资太阳鸟游艇时，深圳达晨创业投资有限公司已经捷足先登。太阳鸟游艇是游艇行业的第一股，同时也是海洋产业大门打开的破冰股，达晨创投与创东方都是从行业优势和企业优势入手评估项目。

达晨早在2006年就开始接触太阳鸟游艇，但按照达晨的投资标准太阳鸟游艇当时还不够投资门槛，对于行业发展达晨内部争议颇大。

首先中国游艇行业客观上讲没有核心技术，设计源自国外，材料来自进口，中国一直在模仿，没人做到超越，国内的材料、关键核心部件无法满足要求，太阳鸟游艇的研发团队究竟能做到怎样的程度，让人心生疑虑。

其次是市场竞争力担忧，目前国内复合材料船艇行业内企业数量众多，行业集中度较低，尚未有某一企业能够占据绝对的市场份额。据统计，目前国内的复合材料船艇企业有370余家，但90%以上为小型企业，未实现规模化经营（销售额1000万元以上），太阳鸟游艇能否从竞争中脱颖而出具有不确定性。

最后是政策层面疑虑，在2005年、2006年海洋政策还处于一片朦胧之中，游艇方面法规并不健全，国家政策并不明朗，私人出航申请手续、国家安全防控审批程序、申请码头泊位等等限制颇多，海洋污染较重腐蚀游艇也会限制市场发展，太阳鸟游艇的市场究竟以怎样的速度成长实在令人担忧。

在争议面前，在达晨第一次投资决策会上太阳鸟游艇项目被否决。但是李跃先没有放弃融资的希望，他带着自己的设计负责人千里迢迢跑到深圳，在达晨进行了为期一天的宣讲，来打破达晨的疑虑。

李跃先用汽车产业的发展来对比游艇产业发展。上个世纪80年代有谁会想到汽车走入千家万户，不用说买汽车，看到汽车都是很令人振奋的事情，但是随着第一辆汽车开始，汽车不断升级换代，现在已经成了百姓必备消费品。游艇目前虽为豪华奢侈品定位，但是在未来十至二十年，随着国民消费能力的稳步提升，它终将与汽车一样迎来广阔的市场。

我国海岸线绵长，水系发达，得天独厚的水域环境决定了中国有发展游艇经济的自然条件。随着经济的稳定增长，居民财富迅速积聚及由此带来的消费升级，将带动我国游艇产业的快速发展，我国的游艇时代终将来临。

李跃先说，低集中度的市场格局能够凸显太阳鸟游艇的生产优势。不同于汽车产业的寡头垄断竞争格局，游艇行业并未呈现出较高的行业集中度，国际大品牌也并未在市场份额中占有多大优势，分散的市场份额有利于国内品牌的发展和反超。

太阳鸟游艇从未放弃对核心技术的追求。李跃先种种技术探索和尝试，包括海外求学、高薪聘用设计人才，与国内院校合办专业等做法，都是打造设计团队的良好助力。

太阳鸟游艇发展模式并非国际上传统的家庭作坊式的生产经营模式，从成立的第一天起，就在努力朝着大规模、流水线式的工业化批量生产模式发展，把提高劳动生产率，降低成本作为企业经营的目标。公司是国内复合材料船艇行业市场占有率最高的内资企业，随着公司核心竞争力进一步提高，收入规模和市场占有率水平将进一步提高。公司在广东珠海、湖南沅江拥有两个生产基地，覆盖了华南、华中地区，正在积极开拓游艇消费能力较强的华东地区。

“与国外一流品牌相比，我们目前在工艺水平上还要差百分之五，但价格却只有它的三分之一。”李跃先反复强调性价比，“目前在成本控制方面，还没有其他企业比我们做得更好。”“从中国制造到中国创造，不是一蹴而就的，只能一步一步地追赶。”李跃先的成功动力源自技术，他对技术的渴望让人深受鼓舞。

在陈述风险时，李跃先客观地说：太阳鸟游艇的前景还要受到政策明朗化和消费水平的提升的影响，短期障碍仍然不少，但是长期看好。

整整一天的宣讲，所有的内容既是前途也是风险，既是蓝图也是荆棘。最后“做中国人买得起的游艇”这句话打动了达晨董事长刘昼。

刘昼力挽狂澜坚定地说，“用发展眼光看项目。”一是判断大势，游艇产业很有前途。“几年前我在美国西雅图，在去海边的路上，很多汽车后面都拖着小型游艇，这些人大多数不是什么富豪，就是普通家庭。当时这个场景给我留下了很深的印象。所以这次谈太阳鸟游艇这个项目，我的第一感觉就是大的方向不错，抓住了一个未来发展趋势。”二是李跃先的团队具有投资价值。一个雄心勃勃又求贤若渴的企业家，正是中小企业发展的强大动力。综观整个行业，太阳鸟游艇的潜力很大，投后管理做到位，定能辅助企业快速发展。就此成就了中国游艇行业的第一笔投资案。

重视设计，打造游艇核心竞争力

创投给了李跃先坚挺的后备力量，李跃先也不负众望。

中国船艇业一直以来缺乏自己的核心技术，李跃先想要打破这个僵局，要抓住核心技术这个支撑点，他看准了设计的推动力。

太阳鸟游艇高度重视设计工作，从创立初期就十分重视原创设计，具有良好的设计氛围，李跃先在公司成立最初就同一位在国外学习船艇的设计师合作，经过多年的探索和实践，公司在船艇设计上已经逐步走在了国内前沿，更将民族文化与国际时尚有机结合，设计出了一系列具有太阳鸟游艇风格的产品。

公司逐渐形成了一支技术覆盖面全、创新能力强的研发、设计与技术人才梯队，目前从事研创的人员已达到98人，占公司总人数的11.58%。并且太阳鸟游艇成立了专门的研发中心——湖南现代游艇技术研究与工业设计中心，负责创新活动的具体实施。该研发中心是国内首个省级游艇设计中心，下设长沙游艇设计中心和技术部，主要从事高性能复合材料船艇产品开发、工业设计、材料应用研究、游艇内装设计、美学设计等多方面活动。

太阳鸟游艇在船艇设计、新材料研发应用、复合材料船艇建造工艺技术、设计能力的持续提高等方面都走在了国内前沿。公司的部分产品和技术取得了多项国家级荣誉，并填补了国内空白。公司持续设计研发投入，同时走上产学研结合的道路，公司已与湖南大学合作建设游艇设计中心，并与武汉船舶职业技术学院等高校签订了合作协议，由公司翻译编写教材，在国内率先培养游艇设计人才，充实公司设计团队。多年来技术研发与设计人员在消化吸收国内外技术资料、与用户进行广泛的技术交流以及多年实践经验的基础上获得丰厚的成果，对市场中的其他竞争对手形成强大的技术壁垒。

太阳鸟游艇的研发技术优势使得产品性能极大提升，优良的质量也为销售开辟了渠道，在销售过程中，太阳鸟游艇的产品不仅得到了民用船艇用户的认可，也得到了军事用户认可，公司已被国家有关部门和军事单位列为装备定点生产单位。

李路先多年来的努力，让太阳鸟游艇取得了前所未有的辉煌，这不仅靠他过人的胆识和优秀的管理能力，也是靠他手下得力的设计研发团队孜孜不倦的努力。太阳鸟游艇团队经过实践打磨锤炼已经走向成熟，信得过的人才能做出信得过的产品。太阳鸟游艇前路仍然很长，李跃先的理想是走向世界，让中国的船艇制造业拥抱国际品牌形象。

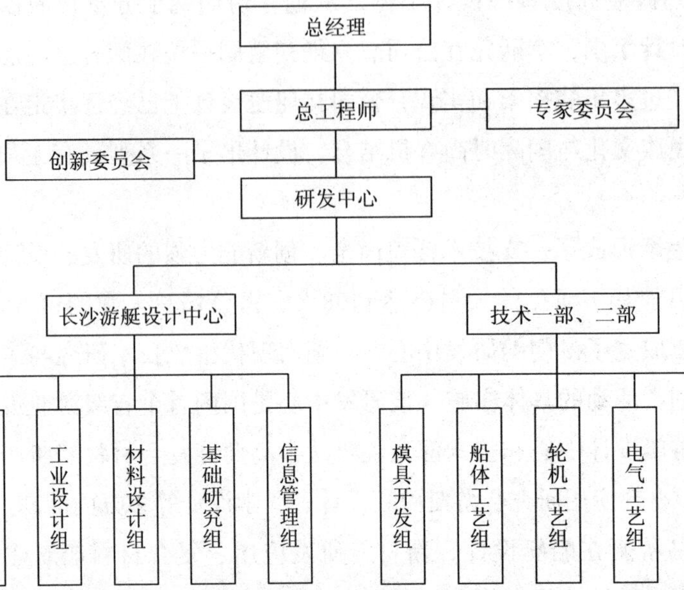

图1 公司研发中心的具体组织结构图

携手创投，快艇加速驶入大海

2009年9月22日，太阳鸟游艇公司召开股东会增资扩股649.4094万股。创东方（通过旗下的苏州创东方）以每股价格4.62元认购了72.1566万股。同时，深圳盛桥、长沙汇泉也分别同样以4.62元的价格认购了72.1566万股，三者共计认购新增股份216.4698万股。

早在5个月前，即2009年4月22日，达晨系资金正式进入太阳鸟游艇。太阳鸟游艇公司召开股东会，同意增资扩股844.6857万股。达晨财富以2,200万元认购公司本次新增股份599.4544万股；达晨财信以600万元认购公司本次新增股份163.4875万股；王玲以300万元认购公司本次新增股份81.7438万股。达晨系总计进入3,100万元人民币认股数8,446,857。认购价格均为每股3.67元。

在不到半年的时间内，太阳鸟游艇便形成了上市前的完整股权格局，如图2。

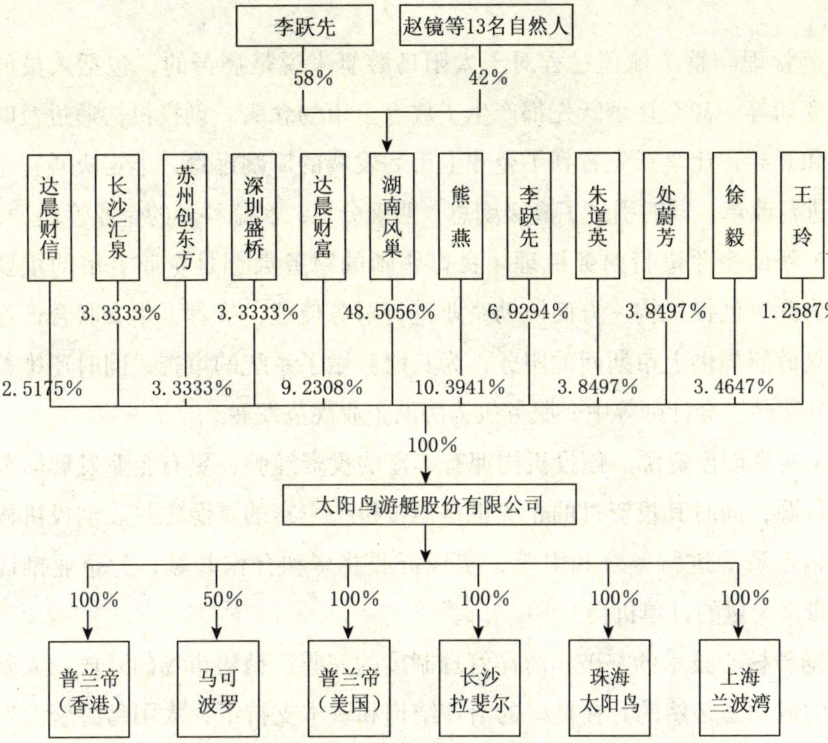

图2 太阳鸟游艇上市前的完整股权格局

创东方在投资企业之后，强调为企业提供增值服务。董事长肖水龙认为，扶持创业企业规范发展并最终上市是创投机构的重要工作，所以需要创投为企业提供持续有效的增值服务。创投机构对于太阳鸟游艇的发展帮助可谓深入到每一个细节当中。

1.帮助规范企业治理结构。在创投介入之前，太阳鸟游艇管理团队只有十几个人，很不规范，没有良好企业内部治理规范。这其实也是中小企业的通病。没有三会治理（股东大会、监事会、董事会），都是关系好的朋友几个人商量着做，有着“公司的就是你的，你的就是公司的”这样的早期企业逻辑。根据每年的报表来看，存在股东大量借款等很不规范的现象。投资后，创投机构派入董事会成员，并且定期派出股东代表前往听取股东大会，参与公司治理，提出公司管理中合理意见和建议。

2.帮助完善企业规章制度。根据太阳鸟游艇实际情况，创投团队帮助建立完善了企业规章制度，发现和纠正了企业的不良思想理念，进行战略梳理和规范管理。整个梳理过程对于太阳鸟游艇来说是痛苦的，包括人员的调整、变动等，甚至让李跃先都产生了放弃上市的念头。创投机构通过及时的鼓励和开导，让李跃先看到了企业上市后发展的广阔远景，下定决心在企业内部进行改革，同时引进了高级副总，明确分工，实施科学的企业管理。

3.帮助企业进行财务梳理。良好明晰的财务数据是企业上市的重要前提，为此，创投机构一方面协助企业进行财务梳理，推荐了华泰联合证券为太阳鸟游艇提供上市期间的服务，为其财务做了系统的审查；同时还推荐了优秀的律师、会计师等中介服务机构协助企业规范发展。

4.共享创投资源。创投机构拥有丰富的投资经验，更有企业发展需要的各种资源，同时其投资过的企业也是创投机构丰富的资源之一。创投机构为自己内部资源进行整合和引荐，实现资源共享和合作共赢，为企业排忧解难，带来大量的订单机会。

随着核心技术的突破，海洋管理制度的完善，销售市场的开放，太阳鸟游艇的成功是必然的。在良好的治理结构和资本支持下，太阳鸟游艇的发展也走上了快车道。2010年9月28日，太阳鸟游艇成功登陆创业板。

回味项目，投资就是投人

在创东方“四面十方”的投资方法中，其中摆在首位的便是“看准一个团队”，董事长肖水龙认为投资就是投人，投资就是投团队，尤其是要看准目标企业的领头人。

回顾太阳鸟游艇项目，投资过程中，李跃先用家电行业类比进口部件问题的解决，用汽车行业类比市场前景问题的解释，坚信中国迟早要进入游艇消费时代。这是一个具有前瞻性的项目，太阳鸟游艇的成功上市印证了李跃先的正确判断，也印证了创投机构的正确判断。

作为一个创投公司，在拥有专业的投资团队，独特的投资理念，丰富的企业文化的同时，高瞻远瞩，敢于尝试，做前瞻性项目的勇气也是不可缺少的。创投机构在太阳鸟游艇上面表现出的创新突破性，既是对行业的肯定，也是对李跃先创业团队的肯定，对企业家的支持。

一个企业的价值，在于行业，在于技术，更在于一个优秀的管理团队，尤其是小微企业，一个优秀的企业家，他的思想理念和胆识才华，无不左右企业的发展。李跃先用他的信念和理想打动了创投，赢得了机遇；创投公司用及时雨一样的资金和专业的服务扶植了他的理想，创业企业和创投机构同舟共济，走向共赢，这是创投的使命，也是企业的福音。

小资料

深圳市创东方投资有限公司

深圳市创东方投资有限公司（简称“创东方”）于2007年8月，通过4年的发展，创投业务取得了稳快发展，受到业界和社会的一致好评。创东方先后成功投资了近40多家企业，涉及8个战略新兴行业，已经上市的投资企业10家，并有多家投资企业陆续报送上市材料。

创东方的投资理念：

（一）关注持续成长，注重长期价值

（二）稳健投资，创新发展

1.稳健投资，创新发展。安全第一，宁愿错过，不要错投。

2.看准一个企业团队，投资就是投人（尤其是看准目标企业的领头人）。

3.发掘两个优势：发掘优势行业（政府政策支持力度大、行业成长空间大、行业增长速度快），发掘优势企业（细分行业位居前三、具有核心竞争优势、利润增长率超过30%/年）。发掘优势行业中的优势企业。

4.弄清三个模式：业务模式+盈利模式+营销模式，关注目标企业核心竞争力。

5.查看四个指标：营业收入和净利润，销售净利润率和净利润增长率。关注目标企业的盈利能力和成长能力。

6.关注盈利力：销售收入对应的净利润率不低于10%。

7.注重成长性：目标企业的盈利增长率不低于30%/年。成长性是创业投资关注的核心问题。

8.偏爱创新型：持续创新（技术、服务、模式等）是目标企业的核心竞争力，是保持高成长的原动力。

9.偏爱成熟型：管理规范、指标合格、条件成熟是目标企业改制上市的前提基础，是创业投资实现上市退出的重要保证。

10.三不原则：不符合投资程序的不投，不符合投资标准的不投，不符合投资定价的不投。

（三）投资就是服务——为客户服务，为企业服务

1.如何服务投资客户？感怀重托，专注投资＝感恩客户信任，心怀客户重托，专心客户投资，分享客户成功。

2.如何服务投资企业？助力发展，分享成长＝弥补企业不足，帮助企业发展，提升企业价值，共享企业成长。

CDF=Chuang Dong Fang（创东方）

CDF=Capital defines fortune

CDF=Capital defines future

同创东方，共赢未来！

专家点评

游艇制造与资本市场结缘的产业结晶

游艇消费在许多国人眼中是奢侈性消费。但是，放在国民经济成长序列，游艇制成品和汽车制成品一样，都是人均收入达到一定阶段的大宗消费物，且奢侈品消费和必需品消费特征共存。考虑到中国有1.8万公里的海岸线，有几乎和国土面积差不多的经济专属区和南海海域。如果能把今天的游艇像当年汽车制造一样，通过技术创新，由奢侈品转为家庭必需品还给普通居民，则国民经济又添一个大产业。

在没有资本市场参与条件下，我国自1958年底第一辆汽车下线到年产100万辆产能，举全国之力，花去了30年的时间。游艇制造业有自己的幸运，当

李跃先在湖南的洞庭湖边因玻璃钢生产而萌生游艇制造时，远在深圳的达晨创投公司和创东方创投公司却从小众股权市场（私募）独有的专业性投资路径和太阳鸟游艇相遇。

在小众股权市场上，价格不是在竞拍中收敛，而是在信息披露机制建设过程中逼近允诺价格的。前提是，投资人要有行业专门经验和知识，股权实体企业需要有潜在的盈利模式和未来定位，二者的交易不是资本品的均衡价格交易，而是信息搜集、整理、判别成本加上股权未来收入流的对价交易。首个资本品市场的建立不是退出的创业板市场，而是双边场外交易。达晨、创东方和太阳鸟游艇的交易成功了，这是发生在中国大地上一次成功的资本场外市场的建立。场外市场的一宗交易于游艇，如果能和千百个资本市场上的中介和各类实体结合在一起，在不远的将来，将会托起中国游艇制造的一片蓝天。

人类经济史上，将奢侈品消费由“贵族”带给平民，其加速过程往往是资本市场实现的，高等教育消费是这样，空调消费是这样，计算机消费也是这样。我们期望，太阳鸟游艇案例成为资本市场“阳光普照天下之唱”，而不是“天鹅之唱”。

曹和平

北京大学经济学院教授、博士生导师

北京大学中国产权与PE市场研究课题组负责人

创投中国

晨光生物
ChenGuang

从辣椒中提取财富

晨光生物科技集团股份有限公司（简称“晨光生物”）成立于2000年，经过近9年的先进设备工艺和科学高效的技术创新体系发展，其技术和产品稳居行业前列，成为农业产业化国家重点龙头企业。

2009年9月25日，深创投、达晨创投、泰达科投、君润投资以现金认购晨光生物股份，总投资4900万元。其中深创投出资最多，以1960万元认购400万股，占其股份的5.99%，深创投北京分公司总经理刘纲出任董事。四家创投同时入股晨光，犹如给企业打了一针强心剂。

2010年11月5日，晨光生物在深圳证券交易所创业板正式挂牌上市。2011上半年实现营业总收入5.3亿元，同比大幅增长98.6%，实现营业利润4256.09万元，同比增长10.2%。其中，辣椒红色素和辣椒精都保持稳定增长，分别同比增长26.16%和35.49%，其中目前公司辣椒红色素的市场份额已经达到约50%。

创新生产体系，打造核心竞争力

1997年，晨光生物的前身还只是坐落在邯郸市曲周县的一家五金厂，因机制不活、产品老化而陷入困境，后来整体接受了曲周县一家破产的色素厂，并与当地个体户合股组建了曲周县色素有限公司，开始从事辣椒红色素的提取和销售。时任五金厂厂长的卢庆国想买断这个集体企业，把它改制成民营企业，于是领导大家筹钱，自己出了5万，其他人筹了33万，一共38万，卢庆国占15%的股权。然而这点钱并不够买断集体财产，他们只好租了原五金厂的设备来经营。

由于只有设备，使得晨光在这段时期的经营变得相当的困难，不管是技术上还是销售渠道上都差得很远。技术上公司与其他生产辣椒红色素的企业一样也是采用了传统的立罐法提取技术生产，这个过程其实很简单，也没有太多的技术含量：干辣椒运到公司后，先由工人手工去辣椒把，然后用小麦脱粒机把辣椒打破，再用筛子筛除辣椒籽，剩出来的辣椒皮再用粉碎机磨成粉，磨成辣椒粉后放到立罐中，倒入一种特殊的溶剂，经过几十分钟后，辣椒红色素就溶入溶剂，这时去掉渣滓，留下溶解了辣椒红色素的溶液，最后加热蒸发掉溶剂，就剩下了需要的辣椒红色素。具体流程如图1所示。

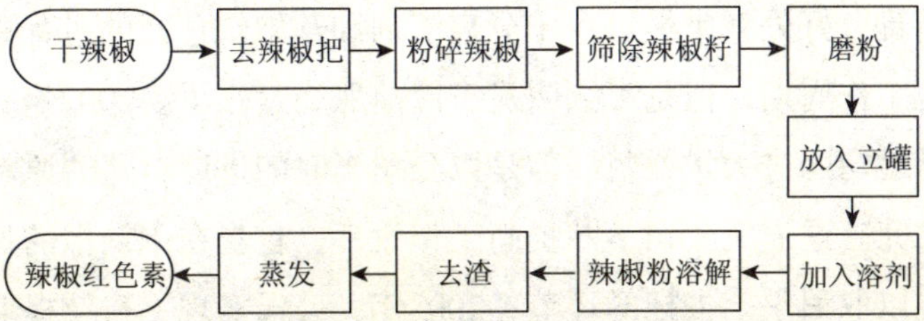

图1　辣椒红色素提取流程图（初期）

这个过程效率很低，当时工人24小时轮班倒，一天也只能处理一吨辣椒，得到五六十公斤色素。不仅生产效率低，而且产品生产出来后还卖不出去。1999年公司生产了四五吨色素，卖了一年才卖出去一吨。现任晨光生物生产技术部经理的李俊河在当时因为普通话说得好，成了推销员，去南方跑业务，在宁波一家食品加工厂推销出一吨辣椒红色素后，公司的产品才算打开了销路。

公司发展到今天离不开晨光生物董事长卢庆国的眼光与辛劳。卢庆国，一个憨直的汉子，出生于1959年，河北广播电视大学经济管理专业毕业，是公司创始人、发起股东之一。1980年至1987年在邯郸市曲周县拖配厂任车间主任，1987年至1991年工作于曲周县二轻公司任科长，1992至1999年工作于曲周县五金厂任厂长，2000年与他人合作创办本公司并担任董事长至今。

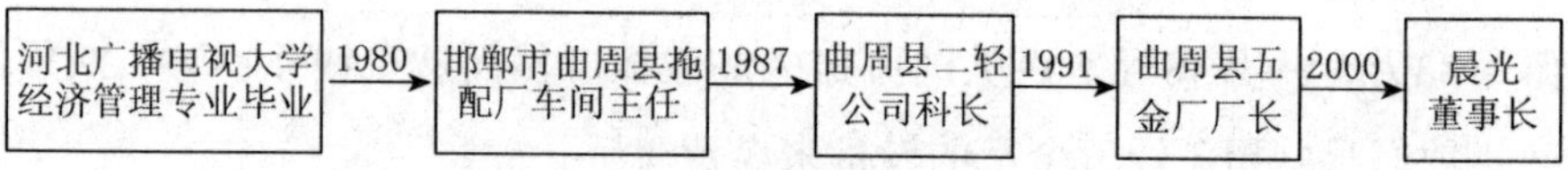

图2 卢庆国工作经历

而卢庆国认为公司当时最主要的还是要进行技改，整个公司在技改之路上的摸索就是从这个时候开始的。公司刚起步时，整个行业也还没有一套太成型的技术，晨光更是连专门的生产设备都没有，卢庆国和他的同事们也没有什么经验，但是他们有斗志与激情，他和科研小组为了技术攻关，多少天奋斗在工厂里面，为了一个技术难题试验再试验，也正是有了这股劲头才有了后来世界上最先进的生产线。

这条生产线的发展是经历了一个循序渐进的过程。2001年，公司把立罐改成了旋转罐，好处就是最后一步分离溶剂和辣椒红色素的过程更快了，虽然没有缩短工作周期，但是工人明显没以前那么紧张了。2002年，辣椒价格很低，于是公司购进大量原料，但是以公司当时的进度，这些原料短期内根本不能消化完。这逼着公司不断提高工作效率，首先在干辣椒的处理上经过试验发现可以取消手工去把的环节；2003年，公司实现了造粒提取，改良了工艺流程；最革命性的改造应该算是引进了油脂榨取中的平转技术并进行了改造，这也是难题最多、最需要勇气和智慧的一次变革。同时晨光也在生产线上做了多次改进，把棉花厂的风送设备、大米加工中的色选设备、工业生产中的离心机都用上了。其流程如图3所示。

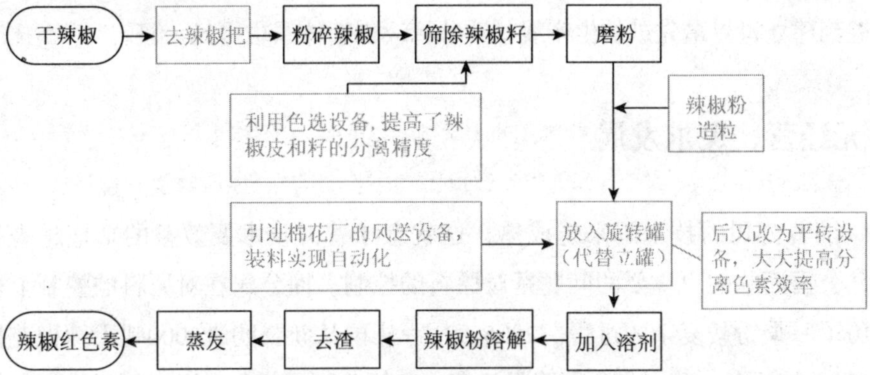

图3 辣椒红色素提取流程图（后期）

到2005年，世界上第一条可连续投料、连续生产的日处理能力可达50吨的色素生产线就在晨光定型了。经过持续改进，现在这条生产线能够日处理120吨干辣椒。

在这条生产线形成后，公司的国际竞争力也因此得到迅速增强。2006年，世界上辣椒红色素生产排名前四位的都是印度公司，但很快晨光的产量和全球市场份额就超过了印度全国的总和。公司靠着初期的不懈努力，创造了技术壁垒和高效率的生产线，提高了色素的提取率从而极大地降低了成本，使得公司走在了行业的前面，晨光生物初露锋芒，远远地将同行业企业甩在了后面。

晨光生物的耀眼发展引来了世界的注目，卢庆国董事长在被问及企业发展的优势所在时提到了两点：

第一点是“人与企业共发展”的企业文化，这给企业带来了巨大的人才优势，而晨光生物在这一点上的表现就是从印度请来了工程师。

第二点是企业的技术创新体系。这个行业从工艺的调整、新产品的开发，到设备的保障，完全是一个体系，好多东西不是一蹴而就的，而是多次试验创新的结果。持续创新是晨光的优势和特点，卢庆国说：“晨光将辣椒红做到了世界第一，其他的产品也能够通过不断地创新，持续改进，做到像辣椒红色素这样的地位。现在我们依旧保持将创新的精神用于其他产品的销售推广，在三五年的时间内一定可以达到或超过过去十年所做的成果。公司的发展优势将是同行业企业所没法比的。”从公司最初设立的时候没有任何经验到建立世界最先进的生产线，这种持续创新体系也可见一斑。

多元经营，谋求发展

随着公司的技术越来越成熟，这就意味着向技术要效益的余地越来越小，公司面临的更重要的问题是对原料的控制。而公司在对原料的控制上也经历了一个纷繁复杂的过程。2005年，卢庆国从新疆购进6000吨干辣椒花掉了600万的运费，第二年为了降低运费，工厂开到了库尔勒以对原料进行初加工。2008年金融危机成为一个契机，使公司确立了在全球市场份额的优势地位。因为这一年的辣椒出口受阻，几乎没有人收辣椒，辣椒处于地板价，晨光收了全国干辣椒总产量的10%，还因此欠下了供应商1.4亿元的货款。到了2010年，辣椒价格已经是当时的3倍，而晨光原料充足——晨光做了一笔成功的买卖。2009年，晨光又在喀什建厂。2010年晨光从印度采购了6000吨干辣椒，2011年，印度工厂建成投产。这一切都是为了缓解晨光的原材料压力，巩固市场龙头地位。

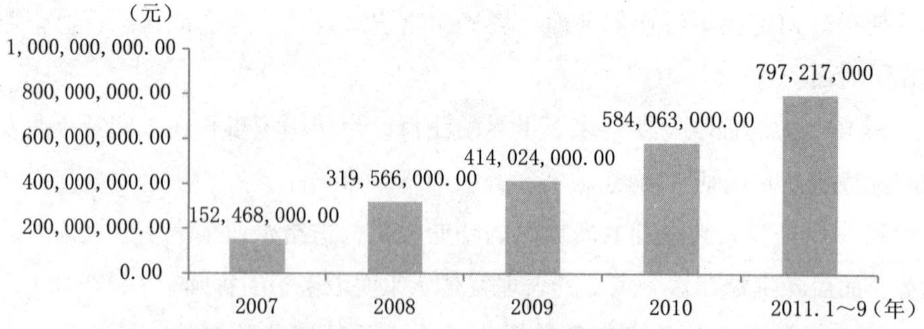

图4　晨光生物2007年～2011年9月营业收入（数据来源：新浪财经）

正是由于晨光生产线的建立以及对原料的控制，使得晨光生物在2011

年上半年便实现营业总收入5.3亿元，同比大幅增长98.6%，实现营业利润4256.09万元，同比增长10.2%。其中，辣椒红色素和辣椒精都保持稳定增长，分别同比增长26.16%和35.49%。现在公司辣椒红色素的市场份额已经达到约50%。

由此，晨光在辣椒红色素的市场占有率不断攀升，不仅没有令卢庆国感到满足，反而产生了更多的担忧，卢庆国知道全球的辣椒红色素市场容量不过就是几亿美元，这个市场空间是有限的，因此多元化经营也早就成为了公司的战略选择。2002年卢庆国带着产品走向欧洲食品展览会，由此开始进军国际市场的先河，卢庆国把视野放得很远。

现在公司除了辣椒红色素以外还从事叶黄素（万寿菊提取物）、辣椒油树脂和番茄红素等多种天然植物提取物的生产、研发和销售。公司的主要产品如图5所示。

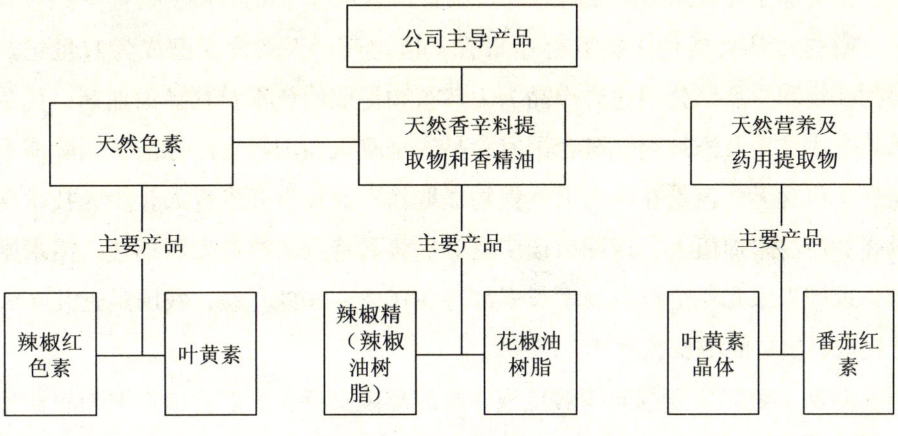

图5 公司主要产品

公司在天然色素业务稳定增长的情况下，近几年又开始重点投入棉籽蛋白项目，主要是由棉籽产生的短绒、棉壳、棉籽蛋白以及棉籽油一系列产品的生产。公司目前已经建成投产一条日加工350吨棉籽的生产线，公司该生产线正满负荷运转，产品销售情况良好。但因2010年棉花价格处于历史高位，棉籽成本较高，目前毛利率不是很理想。公司在河北和新疆在建的两条棉籽生产线，日加工棉籽共计900万吨，2011年年底建设完成，2012年上半年进行试车投产。公司棉籽蛋白业务近几年将会迎来爆发式的增长。

除业务范围的扩大外，晨光公司还通过技术创新不断开发新产品，先后研发出红米红、甘蓝红、甜菜红、姜黄素、番茄红素、晶体叶黄素等20多种新产品。其中甜菜红、红米红、小麦芽油等9种产品被评定为河北省高新技术产品；辣椒红和辣椒碱产品被认定为“国家重点新产品”；医用辣椒精、水溶色素中试与示范、高色价天然色素分别被国家科技部列入“科技兴贸计划、星火计划和火炬计划”。公司的持续创新体系给公司带来了巨大的效益，也不断提振卢庆国的精神和自信。现在公司拥有了平转式逆浓度梯度连续提取技术、高速连续离心分离技术、高品质辣椒精工业化生产技术等多项核心技术，并且拥有了十多项专利。比如2006年获得的发明专利“以6号溶剂油提取天然辣椒红色素的工业方法”、2008年获得的发明专利“水溶性辣椒红色素的制造方法”、2010年获得的发明专利“一种辣椒碱的纯化方法”等。

晨光除了在技术方面做得好外，也有其他一些得天独厚的条件。

首先，从天然色素提取行业来看，植物药、天然食品已成为21世纪热门的药物和食品，公司主要产品为天然植物提取的色素及食品添加剂，代替化工合成色素及添加剂，符合国家食品安全政策及国际食品标准，国际需求强烈。包含天然色素在内的天然植物提取物产业具有开发投入较少、技术含量高、产品附加值大、国际市场广泛等优势和特点，产业发展迅速，需求剧增，预计未来几年全球市场增长率都将在10%～20%左右，我国最近几年天然提取物出口的增长速度都在25%以上。

其次，公司所在行业能够得到国家的政策支持。天然植物提取与农业种植业属于上下游产业关系，符合国家扶持三农、促进农业产业化、提高农民收入的基本政策，晨光公司处于这个很有发展潜力的产业之中，发展前景广阔。而且晨光也与国际上的辣椒红色素采购商建立了广泛的联系，牢牢地抓住了市场。晨光还贴近原材料主产区建厂，不仅降低了运输成本，而且拉近了与椒农的距离，方便沟通与交流，及时抢占原材料资源。

最后，其董事长卢庆国有以人为本的理念。一进晨光大门就能看到一面墙壁上写着“人与企业共发展”几个大字，这是晨光不变的文化理念，更是公司成功的基石。晨光倡导：公司发展，员工受益，双重效益最大化。员工受益不仅包括工资待遇、经济收入等，同时也包含了个人素养的提高和社会的认可与尊重。企业的最大效益在于保障经济收入的前提下，能实现员工精神的富足与充盈。晨光公司关心职工的经济利益，维护职工的各种权益，为职工上了多重保险，发放多种福利，投资建设人才公寓和职工生活区，解决员工居住、生活问题。卢庆国还经常和一线的职工直接进行沟通，访贫问暖，使职工们感到领导就在身边，领导就是朋友。这种企业文化给公司吸引来很多人才，这些人在晨光的每个岗位上孜孜不倦，给公司创造了巨大的效益。卢庆国说："我最感到满意的是这几年聚集、培养了一批行业内具有一流水平的天然色素研发、生产方面的人才，即使这个企业没有了，只要这批人才还在，天然色素生产就还有希望。"

结缘创投，发展提速

晨光生物各个优势的集合，使得其耀眼的新光引来了各大创投机构的入主。2009年9月25日，深创投、达晨创投、泰达科投、君润投资以现金认购晨光生物科技集团股份有限公司股份，总投资金额为4900万元。其中深创投出资最多，1960万元认购400万股，占其股份的5.99%，深创投北京分公司总经理刘纲出任董事。四家创投同时入股晨光，犹如给企业打了一针强心剂。

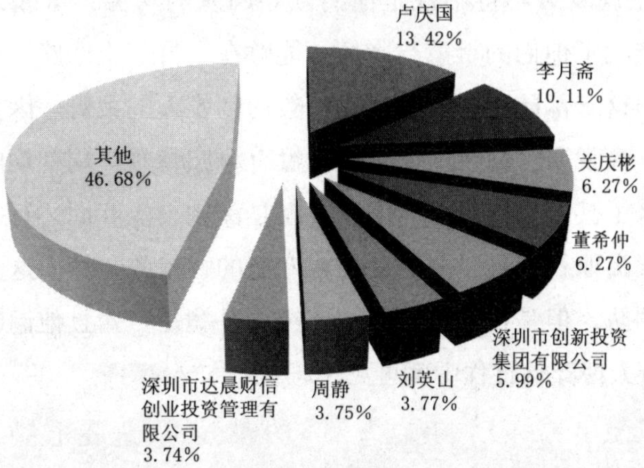

图6 上市前公司股权结构图（数据来源：晨光生物招股说明书）

在这四家中，深创投是业内公认的创投“领头羊”，截至现在公司管理着近200亿元的基金，所投资的企业中已经有81家在海内外上市，骄人战绩为人称道，而其与晨光生物的结合无疑又是资本市场上一道靓丽的风景。

深创投与晨光生物的初次接触是在2007年下半年，当时邯郸地区来北京招商，深创投的投资经理在这个会上发现了晨光，联系就这样开始建立起来。当时晨光对融资的需求虽很强烈，但是由于晨光对怎么融资、找谁融资、为什么融资、融资后怎么办都不太明朗，所以并未急于与深创投合作，而是跟多家创投广泛接触，把功课做足了才做出最终的选择——深创投。

深创投的刘纲评价：卢庆国是一个聪明的企业家。作为一个处在小县城环境与背景下的传统农业企业主，不仅很早就懂得购买集体企业，实现员工持股，通过并购增强企业实力，更懂得利用创投资金来强大自己，而且还跑了这么多家创投机构来“货比三家”。

深创投的投资部门在一开始就认为这是一个好项目，因为当时苏丹红事件刚过去没多久，而晨光的辣椒红色素属于天然色素，天然色素无副作用，安全性高，替代化学原料是大势所趋。而且晨光当时也已经在行业中处于领先地位，只不过这种优势还不明显。当深创投拉着达晨一起去做尽职调查之后更认为大有可为。因为当时整个行业还处于比较混乱的状态，发展极不成熟。好多企业还都是一支支零散的部队，但是晨光俨然已经向正规军发展。

晨光的正规发展不得不说是他们领导团队的功劳，可能是邯郸这昔日的赵国都城造就了他们的智慧与胸怀，能够在一群“土八路”中脱颖而出。虽然如此，但这支部队也并不会进入一般的创投人的视野。因为他们没有所谓的高学历、高素质、高沟通能力，更没有海归背景。用刘纲的话说：外资的创投如果来了甚至沟通都会有问题。但是深创投能够因“行”制宜判断团队标准，色素提取行业是一个需要相对专业的背景的，然而这支团队虽然不是一支精英团队，但是在色素行业中已经算是翘楚。而且他们的学习能力很强，在与投资人博弈的过程中就可见一斑。

携手同行，憧憬未来

晨光生物作为一家县城的民营企业，公司的管理层无论是在战略管理、市场营销方面，还是在财务管理方面都存在一定的局限性。随着公司规模的不断扩大，业务量逐年上升，现有人员的知识结构和能力渐渐不能满足市场竞争需求。企业要做大，人才是关键因素，因此将公司打造为植物提取物的品牌企业，就需要逐渐改变这个现状。因此，深创投进入晨光生物后，做的第一件事就是和晨光一起发现公司的价值，首先就是对公司当前的情况形成一致的认识，向公司团队提出新思想，使他们对公司的思考提升高度，慢慢启发公司高层对企业发展战略等问题有更先进、更科学的认识。

在对企业团队的培养过程中，深创投还在决策咨询、整合市场资源、完善治理结构、加强团队建设和解决历史遗留问题等方面都做了很多建设性的工作。例如，公司在新疆建厂、成立研究中心、制造提取叶黄素等其他提取物都是晨光提出、深创投投赞成票这样共同决定的。深创投投资以后，协助晨光招募了一批优秀人才。深创投就是希望通过建立一支适应市场竞争的高素质团队来提升企业的竞争力。如今，包括从印度请来的专家、操作企业股份制改革和上市的博士、高校的教授、科研机构的研究员等，已有10多位专家、教授加盟晨光，他们发挥着越来越重要的作用。但是深创投深知这个强化团队建设或者说团队重组的过程一定要稳，要循序渐进，否则就会破坏团结，欲速则不达。“通过符合企业发展规律引进更优秀的人才，”刘纲说，“这是一个长期的过程。”另外，深创投派驻刘纲到公司做董事，达晨派驻晏小平做监事也是很重要的一环，这相当于公司有了一个贴身智囊团，随时关心企业的发展情况，同时这个智囊团能够行使他的监督、建议的权利，以最大限度避免管理失效带来的风险。

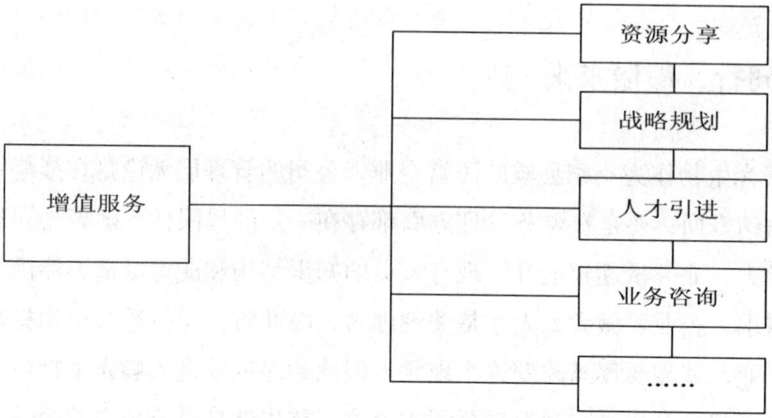

图7　深创投的增值服务

深创投就企业的发展方向与战略定位与晨光进行了深入的探讨，比如深创投提出采取美国惠氏公司的模式，将公司产品定位在天然植物保健品上。投资前晨光生物虽然在天然色素行业积累了丰富的经验，但在其他植物提取物领域还是一个新手，产业发展的战略方向还不够清晰。目前，国内植物提取物市场群雄并起，多数企业在市场和产品选择时主要是采取跟风的行为，产品生产一哄而上，无计划性，导致产品积压，最终结果是采取低价竞争，影响了整个行业的发展。公司虽然在辣椒红色素以及辣椒提取物领域位于行业领先位置，但如果不能提高科研能力，完善产品结构，提升产品的附加值，则有可能无法实现质的飞跃。

深创投进入晨光后持续强调：植物提取物领域是一个高科技领域，提取以及精制过程的技术水平极大影响产品的品质和价格。于是公司加大了科研投入，已和中国农业大学、天津科技大学、河北农业大学等多家高校以及科研单位建立合作关系，形成以科研创新为主导的产业结构。在参与国际植物提取物市场竞争中，单纯提供多而全的产品是无法形成核心竞争力的。晨光生物因此根据国际市场的需求并结合企业当地资源优势，加大科研开发，培养优秀品种。目前公司已成功开发并生产以下国际国内畅销植物提取物：葡萄籽提取物、大蒜粉、番茄红素提取物、辣椒精等，并将不断推进产品的系列化、标准化，以满足市场需求。

深创投还进一步协助晨光资本运作的规范化，因为晨光作为一家民营企业，经常有一些运作不规范的地方。深创投在会计师事务所和律师事务所的配合下帮助企业重新调整注册资本，并用现金补足，解决了企业的历史遗留问题。

综上所述，深创投的各方协助对晨光生物来说是一缕清风，为晨光生物在辣椒红色素国际市场的第一地位奠定了基础。

随着中国市场化的推进，中国的民营企业在迅速崛起。从小作坊、夫妻店做大做强，最后做到上市公司的比比皆是，但还要看到这成长之路上也有相当数量的一批民营企业因为各种原因停滞不前，甚至倒下了。晨光生物成功地在这条路上走过来，一直走到上市，如果在起初说这份成功与企业的高层以及技术上不断创新有关的话，那么当企业做大以后，创投公司所起的作用就是举足轻重的了。当一个公司做大以后，很多问题纷至沓来。财务管理、经营决策、战略规划，无一不考验着公司高层的知识、眼光与谋略。晨光生物需要资金，也需要这方面的人才，这是一个专业化分工极度精细的时代，创投公司最核心的部分就在于它的增值服务。携手创投共同打造一个现代化的、有竞争力的公司，不仅是晨光生物全体员工的心愿，也响应了国家发展高新技术企业的号召。

现在晨光生物正积极拓展新的业务方向，在维持辣椒红色素等天然色素等主业不断增长的同时，还把触角伸到了植物提取物的广泛领域，并不断做大做强。一方面公司在印度成立子公司，获取原材料供应并进一步开拓海外市场；另一方面，公司募投项目“采取超临界技术2000吨精品天然色素项目”，开发精品天然色素以提高产品毛利率，“年产1000吨水溶色素综合加工项目”，扩大下游客户范围。目前，国内香辛料主流加工工艺是将各种调味料粉碎后混合，由于成分复杂，有效成分含量无法确定，在食品加工生产中，很难进行标准化、规模化应用，并且不易储存。公司计划结合自有技术和从印度引进的先进技术，对香辛料中的有效物质进行超临界提取等加工工序，开发出标准化的香辛料产品，即有效物质含量可精确计量，便于应用和储存。而公司目前已经具备规模化生产番茄红素、叶黄素晶体等天然营养保健品的工艺和技术。公司计划进一步研究开发超临界辅助雾化（SAA）结晶技术，通过微胶囊包埋技术等，增加色素的稳定性和实用性，开发出具有各种营养、保健功能的产品。

创投给企业插上资本的翅膀，是为了让它飞得更高更远。我们也希望看到晨光生物也能够像早晨的阳光一样，充满朝气，更加辉煌。

启迪智慧，再创辉煌

从创业投资的角度来看，通过对晨光生物的分析，能够看到，以下几个方面是晨光生物成功的主要因素。

优秀的团队

卢庆国带领的高管团队不管是从拼搏精神还是从战略眼光来看在业内都是很优秀的。一个企业能够健康发展往往与企业家的奋斗精神是分不开的，这一点从公司一路走来的整个过程都能看到。卢庆国在五金厂干了多年厂长，有一种凝聚力把员工团结在他周围。所以他们在公司初创期几乎没有任何经验的情况下能够团聚在一起共同探索，共同进行技术攻关。这个时期的努力为后期公司能够拓展一片天空起到了重要的作用。而且卢庆国一手打造的企业文化也体现了他对员工的人文关怀，留得住人才，还怕留不住市场吗？

号准行业脉搏

天然色素行业是一个起步不久的行业，而且属于农业种植的下游能带动种植业的发展，符合国家一贯支持农业发展的政策，公司独具慧眼进军该行业，并认识到行业初期技术缺乏从而进行技改，大大提高了公司的生产效率。而当行业内公司如春笋般迅速冒出时，不是仅仅停留在盲目扩张、抢占资源上，而是涉足除辣椒红色素的其他相关产品，并不断拓展业务到植物提取物领域的一些产品，为企业增添了活力。

持续性的技术创新体系

创新是一个企业成长的灵魂。晨光生物作为一家高新技术企业，技术不仅是必不可少的，而且还要不断更新，加大研发力度，降低生产成本，才能够在市场上长期立足。晨光凭着自己的持续创新体系不断创造出新的产品，不断开拓市场，企业做大做强，竞争力也日渐凸显。

创投鼎力相助

与深创投合作不仅可以得到充沛的资金，拓展业务，抢占优势，还可以合理运用创投机构的资源和影响力，提升自身的再融资能力，甚至行业地位。同时，还可以从创投机构那里得到经营、财务、管理、法律等多方面的专业建议，为企业长盛不衰贡献力量。在投资晨光生物后，投资团队时刻保持和晨光高层的良好沟通，及时了解该公司的需求，尽可能帮助该公司解决发展道路上的各种困难，并动用深创投广阔的社会资源为晨光生物IPO铺平道路。

现在，晨光生物站上了新的制高点，将在众多股东的共同注视下走上新的征程。而深创投一边继续在晨光背后默默地支持，一边开始寻找新的企业，帮助他们找到一条合适的发展道路。深创投乐此不疲，因为它在这个过程中找到了自身的价值——为社会的发展进步作出应有的贡献。

小资料

深圳市创新投资集团卓越业绩

13年间接洽项目数万个，已投资项目416个，领域涉及IT、通讯、新材料、生物医药、能源环保、化工、消费品、连锁、高端服务等，累计投资金额逾105亿元人民币。

丰富的创业投资经验成就众多经典案例，境内外资本市场成功上市的企业包括潍柴动力、勤上光电、明泰铝业、拓尔思、好想你、明阳风电、洲明科技、东方日升、乐视网、郑煤机、欧菲光、兆驰股份、达实智能、雷士照明、多氟多化工、当升科技、世联地产、中科电气、鑫龙电器、齐心文具、海陆重工、福晶科技、特尔佳、同洲电子、中材科技、科陆电子、远望谷、怡亚通、A8音乐集团、丰泉环保、易居中国、三诺电子、网龙网络、慧视国际、珠海炬力、九城数码等，84家企业。

专家点评

在高速增长和变革的环境下，创业团队面对各种机遇和挑战时往往会迷失方向，没有方向感经常是由于机会太多而不知道如何作出正确的选择。创业的远大理想固然重要，然而诱惑太多的时候反而更要脚踏实地。专注是应对浮躁最好的方法。

对于起点不高的创业团队，企业的成功更多来源于创业者的精益求精和不断进取。从初级的技术革新到技术创新，从第一笔销售到行业龙头，再到多种经营。某些提升有可能甚至是情势所迫，只是结果良好，所以看似水到渠成，其中艰辛可能只有创业团队才能体会。

机会永远只会眷顾有准备的头脑。创业团队团结一致，在发展过程中始终坚持和发展其核心产品，所以能够最大限度地把握适当的优惠政策和市场机会，而不是盲目扩张；不因为财务投资的介入助长短视行为，有效地利用获得的资金；把财务投资人当做良师益友并把其对管理提升的建议当做企业发展的助推剂。这一切都要来源于创业团队对行业、产品以及企业长期发展的专注和一往无前的投入。

有一位投资家问一位创业家：您是希望通过创业赚到您这一辈子花不完的钱，还是更希望看到您的发明造福后世？

这是一个没有标准答案的问题。

钱立强
普华永道咨询部合伙人

创投中国

e-film

创投谋势　欧菲光拓殖蓝海

在蓝海领跑，是很多有志企业的梦想。作为怀有远大志向与梦想的企业，深圳欧菲光科技股份有限公司（简称“欧菲光”）在创投的支持下，一马平川，最终在光科技领域闯出了自己的一片天地。

欧菲光成立于2001年，是一家以开发和生产数码摄像系统中的红外截止滤光片及组立件、触摸屏、光纤镀膜、低通滤波器等产品的精密光学光电子薄膜元器件生产商，长期致力于精密光电薄膜元器件的研发、生产和销售。目前，该公司主要产品包括红外截止滤光片及镜座组件和纯平触摸屏，其他产品和业务包括光纤头镀膜、光学低通滤波器、保护玻璃等消费类电子产品领域，以及医疗器械、监控系统、光通信等其他领域。

因其明显的产业发展前景和优势领先的专业产品，欧菲光成立后得到了深创投、同创伟业等多家创投机构的注资。2006年11月，同创伟业注入资金705.88万元，认缴欧菲光新增注册资本180万元，同时以222.35万元从原股东香港裕高手中收购欧菲光4.06%股权，共获得股权7%。2007年6月同创伟业进行二次增资，投入货币资金661.11万元，认缴新增注册资本148.76万元。

2010年8月3日，欧菲光在深交所上市。

从技术员到董事长之路

蔡荣军是欧菲光的董事长，也是欧菲光的核心人物。1995年他从汕头大学工学院机电系毕业后，就一直奋斗在光电行业内。最初他加入了柯达，那时的柯达在国内已如日中天，蔡荣军作为一个还没有工作经验的毕业生能到这个国际大公司工作，实属不易。他从技术员做起，历任工程师、高级工程师和技术部经理。这是一条典型的技术人员的成长之路，艰辛而没有捷径。正如他荣归母校，为学弟学妹介绍自己成功经验时所总结的：成功就是要踏实做人、勤奋做事，要“傻傻地干”，“只要功夫到了，领导自然会看到”。踏实勤劳，这些正是蔡荣军在成功路上的写照。正是这种踏实勤劳，让他赢得了柯达外方技术合作者美国著名光学仪器公司安捷伦的信任。在安捷伦公司技术负责人马博士的推荐下，蔡荣军参与了柯达与安捷伦的一系列精密光电薄膜元器件的研发工作，这为他打开了一扇大门，帮助他站到了一个产业的高起点，开始以国际化的眼光来审视整个产业链。这段经历成为蔡荣军先生的宝贵财富，后来每每在关键时刻，帮助他做出了正确的重大决策。

欧菲光的前身是由香港迅启和智雄电子于2001年3月共同出资成立的中外合资企业——深圳欧菲光网络有限公司。智雄电子的创始人郝建学是通讯行业上市公司深圳中科健（000035）的第二大股东及总裁。自2001年3月成立至同年10月，欧菲光网络股东投入的设备陆续到位并开始调试，研究开发光纤通讯精密薄膜元器件的生产工艺，但直至2002年年中，仍未能掌握相关核心技术而无法正常生产，加之当时全球光通信行业进入低谷期，公司经营的内外部环境均遭遇困境，因此公司原股东寻找合作伙伴以扭转经营困境。经第三方介绍，蔡荣军对企业进行了深入调研并决定承包公司，转型生产适用于消费类电子产品的精密光电薄膜元器件，并于2002年7月31日与欧菲光网络签订了《合作经营企业合同》。

欧菲光网络以当时其租赁的总面积为950平方米的生产场地、当时在用的生产设备及15万人民币作为合作条件；蔡荣军投入25万元人民币外，以市场及生产技术作为合作条件，并出资委托香港迅启从德国采购价值150万美元的一台真空镀膜机。该设备于2003年8月29日以香港迅启的名义投入欧菲光网络。同年11月4日，蔡荣军又自筹资金399.93万元人民币并以智雄电子的名义投入公司。蔡荣军重新组建了研发团队，逐步建立产、供、销网络。但欧菲光仍未能实现盈利，未向合作双方分配利润。经多次协商后，欧菲光网络原股东与蔡荣军达成了转让欧菲光网络的意向。合作经营期间，智雄电子、香港迅启未向欧菲光网络提供合作经营合同以外的资金、设备、人员和技术支持，欧菲光网络亦未形成盈利，经双方协商决定以承包经营初期公司公允价值，即以820.87万元的账面净资产为参考，扣除账面长期待摊费用等形成的潜在亏损后确定转让价格。

这时，蔡荣军体现出了商人的眼光和勇气。他冷静地分析了国际精密光学薄膜元器件市场的趋势是向红外截止滤光片发展，与国际一流研究机构的合作经历让自己对掌握核心技术、制造出有竞争力的产品非常有信心，而当时公司的几套设备便使他拥有了实现自己想法的基础。有了这些分析，蔡荣军果断出手，与弟弟蔡高校成立了欧科有限（蔡荣军出资270万元占股权比例90%，蔡高校出资30万元占股权比例10%）。经欧菲光网络董事会决议通过，香港迅启、智雄电子于2004年9月17日分别与欧科有限、香港裕高签订了股权转让协议，香港迅启及智雄电子分别以人民币171.25万元、52.81万元的价格将欧菲光网络38.98%、12.02%的股权转让给欧科有限，同时香港迅启以人民币215.28万元的价格将其持有的欧菲光网络49%的股权转让给香港裕高。本次股权转让完成后，欧科有限与香港裕高合计持有欧菲光网络100%的股权。原合作协议废止，股权交易双方不存在关联关系。

蓬勃的新兴产业，独特的产品优势

改革开放30年来，我国国民经济、固定资产投资以及居民收入持续增长，为我国光学光电子产业的高速发展创造了条件。最近几年，我国光学光电子产业发展明显提速，年均增长速度均在20%以上，与国民经济增速相比，是其两倍有余。

特别是在光存储和光输入输出产品这一领域，我国已成为全球的生产中心和出口基地，带动了境内市场对光学光电子元器件的大量需求，尤其是各类精密光电薄膜元器件增幅较大，涌现出一批从事精密光电薄膜元器件研究、开发、生产的规模型企业。

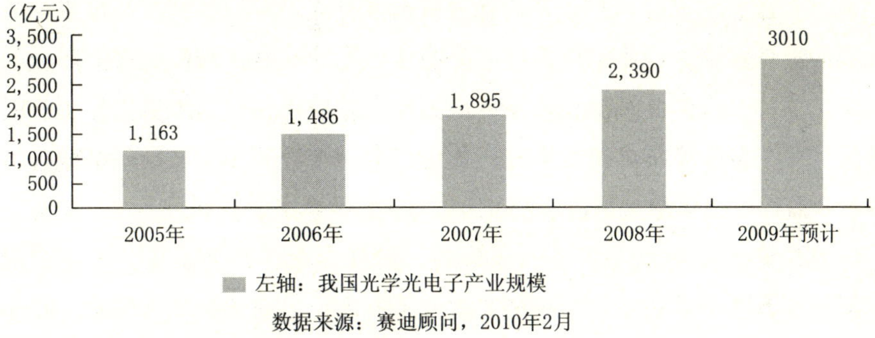

图1　2005~2009年我国光学光电子产业规模变化

未来几年，全球光学光电子生产将加速向我国转移，加上我国自身市场需求的不断增长，我国光学光电子产业的规模将保持10%以上的增长速度，其中部分专业领域（如光通信、光显示）将达到30%以上。根据赛迪顾问预测，2013年我国光学光电子产业的规模将达到5,920亿元。

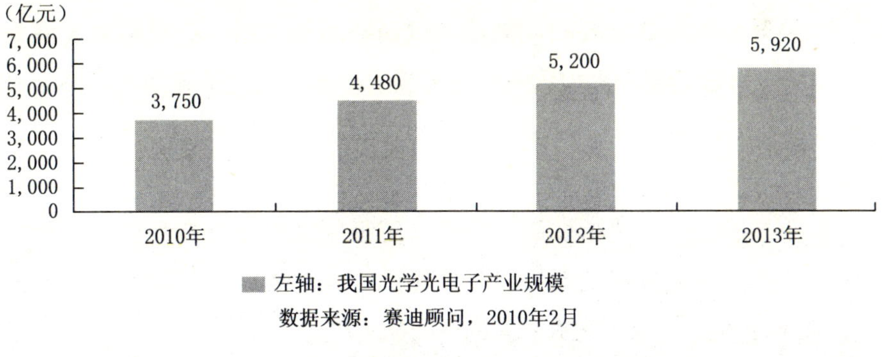

图2　2010~2013年我国光学光电子产业规模预测

欧菲光是一家国内领先的精密光电薄膜元器件制造商，以拥有自主知识产权的精密光电薄膜镀膜技术为依托，长期致力于精密光电薄膜元器件的研发、生产和销售。目前，该公司主要产品包括红外截止滤光片及镜座组件和纯平触摸屏，其他产品和业务包括光纤头镀膜、光学低通滤波器、保护玻璃等消费类电子产品领域，以及医疗器械、监控系统、光通信等其他领域。通过多年积累和不断开拓，欧菲光在红外截止滤光片市场上已经取得了领先的业绩。根据赛迪顾问的统计，2008年度欧菲光红外截止滤光片产品占据全球市场份额的26.93%，居第一位。

红外截止滤光片阻挡干扰成像质量的红外光，可以使所成影像更加符合人眼的最佳感觉。镜座组件是将红外截止滤光片粘贴在塑胶元件上形成的镜头模组器件。红外截止滤光片及镜座组件主要应用领域为手机摄像头、电脑摄像头、车载摄像头等镜头系统，也可以应用于数码相机、数码摄像机等领域以及监控系统等绝大多数涉及CCD/CMOS成像系统的领域。

触摸屏主要应用于手机、计算机、信息查询、办公设备、工业控制、军事指挥、电子游戏机、高端消费类电子产品、多媒体教学等领域。欧菲光生产的纯平触摸屏采用先进的结构设计，相比非纯平触摸屏，具有性能更优良、更美观时尚、更坚固耐用等优点，更加符合市场需求的发展趋势。

光纤头镀膜是在光纤头上镀制光学增透薄膜，其主要作用是在光纤通信中，增加透射光以提高耦合效率、减小反射干扰。其应用范围主要为激光器组件、SLD、隔离器、耦合器、DFB/FP激光器件、耦合带探测器、小体积器件感应仪器等方面。

光学低通滤波器主要用于减小光敏面的频谱宽度，以消除频谱混叠现象，使拍摄目标的成像更为清晰、色彩更为逼真。光学低通滤波器的主要应用领域为单反数码相机、中高级数码相机、安防监视器镜头系统等。

保护玻璃主要通过在光学玻璃表面镀制增透膜及功能膜，使其具有美观、光学透过性好、清晰度高、能够一定程度地防压裂防刮伤等特点，从而对电子产品的屏幕起到保护和装饰作用，其主要应用领域为高档手机、MP4、数码相机、仪器仪表等产品的平板显示屏幕。

激光光学读取头薄膜元件的主要功能是改变激光束的方向以及将激光束分束、合束（合色），同时保持直线性，以实现信号拾取、信号检测及信号监控的功能。其主要应用领域为光存储设备，如只读型、刻录型、可擦写型的DVD和CD以及蓝光光碟设备等。

慧眼之源始于同创

如此明显的产业发展前景和优势领先的专业产品，使得欧菲光成为同创伟业非常关注的目标企业。同创伟业董事长郑伟鹤总结同创伟业的投资逻辑："投资就像一场F1比赛，我们既选赛道，也选赛手，还选赛车。赛道相当于行业，赛手就相当于团队，赛车则相当于企业的基础设施。"

根据郑伟鹤所总结的投资逻辑，融合欧菲光科技有限公司的优势，在这场资本市场中创投机构和被投企业所结合的盛宴中，赛道之花落于消费类电子产品之家，赛车之蟾宫折于欧菲光科技股份有限公司之桂，赛手之金榜提于蔡荣军之名，赛道、赛车和赛手的契合起源于独具慧眼的同创伟业董事长郑伟鹤。

在郑伟鹤的投资理念里，投资最重要的当然是选择好的企业。只要认定这是家好的企业，价格高与低其实并不重要，真正的好企业不嫌贵。一般说来，价值投资理念包括两个要素：一是认清企业的内在价值，二是安全边际。在郑伟鹤看来，前者更为重要。"因为在私募股权市场，贵也贵不到哪去。很多人喜欢看市盈率这个指标，真正好的企业市盈率高一些无所谓，就看你愿不愿意花这个高价去购买。当然我说的是好的企业，关键是不能看错。有些人也愿意花高价买一个他认为好的企业，但事实上他看错了，风险就很大了。尽管我们投资的项目成功率很高，但我们也经历过失败和教训。即使开始看好的项目，一旦市场环境、企业经营发生变化，也可能会出现一些意想不到的风险。"

欧菲光能够成为郑伟鹤眼里的好企业并最终选择其作为赛车，是由其自身在同行业所具有的竞争优势所决定的。

雄厚的研发能力和技术实力

公司的研发技术团队多年从事精密光电薄膜元器件的开发与生产，对于精密光电薄膜的核心工艺技术有着深刻的理解和掌握。依托具有自主知识产权的核心技术，公司积累了丰富的膜系设计经验和一批专有生产技术，与国内竞争者相比，具备了雄厚的研发能力和技术实力，使新产品开发周期大大缩短，可以及时应对市场和高端客户迅速变化的需求，对维护高端客户群以及保持产品价格水平和毛利水平的稳定起到了至关重要的作用。

领先的市场份额

公司一直坚持优势产品做大做强的发展战略，在自2003年起的数年内，将绝大部分企业资源投入到红外截止滤光片产品。凭借对客户需求迅速准确的应对、国际一流的产品品质以及具有竞争力的产品价格，本公司成功地拓展了一批业内主流的大客户，抢占了原本由日韩台厂商垄断的市场。

一流的产品质量

公司自成立之初即清醒地认识到一流的产品质量是参与国际竞争的重要基础，因此公司建立了较为完善的质量管理系统，严把产品质量关，从采购、研发、生产、运输等多个环节实现对产品品质的全方位控制。

灵活高效的生产系统

以精干的生产管理团队为基础，以现代生产管理理论为指导持续改进生产管理水平，建立了灵活高效的生产系统，更好地适应了本公司“以销定产”的生产模式，能够配合高端客户的实时订单要求迅速组织生产，实现供货，为公司维护高端客户群建立了良好的基础。

有竞争力的产品价格

从设备选用、原材料采购、生产过程等方面有效控制成本，同时依靠我国的劳动力资源优势，保持成本和产品价格的竞争力水平。

稳定的高端客户资源

公司红外截止滤光片及镜座组件产品的主要客户包括大立光电、伟创力集团、ST意法半导体等厂商，都是诺基亚、摩托罗拉、索尼爱立信、苹果等全球一流手机品牌的重要供应商；公司纯平触摸屏主要客户包括天宇朗通、金立通信、中兴通讯等国内主流品牌手机厂商和其他手机方案设计及配套供应商。随着业务的不断发展和技术水平的日益提高，公司的经营模式开始由简单地为客户提供定制的产品，向参与客户系统开发并为客户提供量身设计定做的产品转化。

正是由于企业所具有的技术、产品和客户端等众多方面的优势，2006年11月，同创伟业注入资金705.88万元，认缴欧菲光新增注册资本180万元，同时以222.35万元从原股东香港裕高手中收购欧菲光4.06%股权，共获得股权7%。同创伟业基于对欧菲光公司这半年多经营状况的分析（欧菲光从第一轮投资完成到第二轮融资之前，总资产、产能及主营产品出货量均实现翻番）以及对光电元器件市场趋势的调研（深入调研了红外截止滤光片在手机、数码相机、投影仪等快速发展领域的市场前景），非常积极地参与了第二轮增

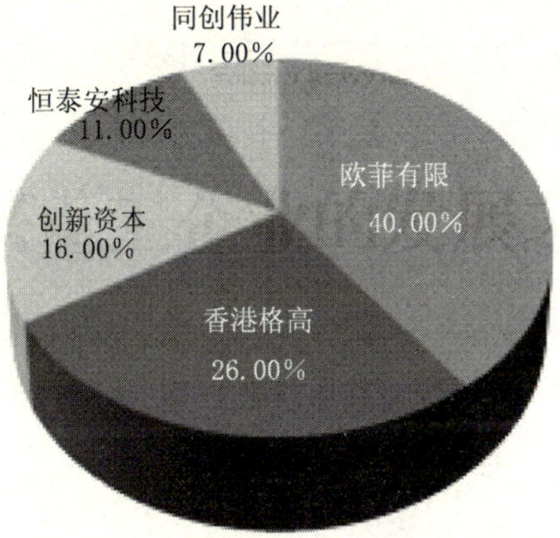

图3　第一次增资后的持股比例结构

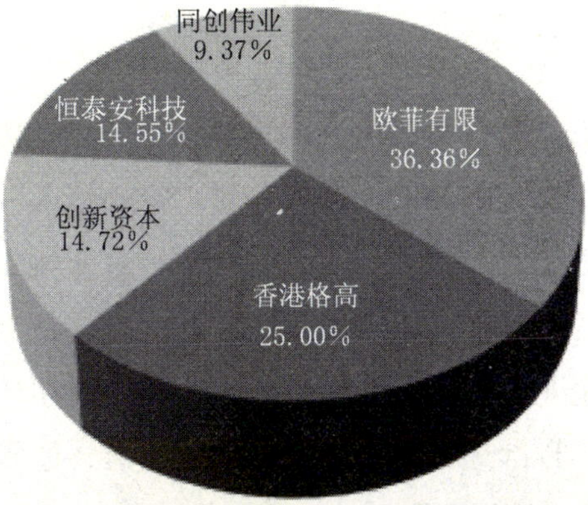

图4　第二次增资后持股比例结构

资，在2007年6月进行二次增资，同创伟业投入货币资金661.11万元，认缴新增注册资本148.76万元。

在同创伟业对赛车的选择处于仔细斟酌之时，另一家创投机构也在对这个赛车有着浓厚的兴趣并也在为这个赛车良好状态的发挥贡献自己的力量。欧菲光所在的行业一直是深创投非常关注的一个行业。

据深创投欧菲光项目负责人、投资发展总部总经理金燕女士回忆，刚接触欧菲光科技之时，感觉该公司市场能力很强，但前面压着许多台湾企业，欧菲光科技的产品单一，竞争优势并不明显。之后的半年，通过多次接触，并对整个行业开展了细致而深入的调研，并向投资团队上报了投资建议，并获得了投委会的通过。

2006年10月15日，欧菲光有限注册资本的登记货币由美元变更为人民币，原注册资本402万美元折合3327.36万元人民币，并将注册资本增加至4500万元，新增注册资本1172.64万元，欧菲光进行增资扩股引入新的投资者，深创投的创新资本注资1941.18万元，获得欧菲光11%的股权。在2007年6月的第二轮增资，创新资本出资金额1038.89万元，持股比例上升至14.72%。创投机构对欧菲光的持股比例均有所上升，这间接说明该企业的未来有强大的发展潜力。

资本推动，欧菲光腾飞

腾飞之速起于将心注入

在同企业不断打交道的过程中，郑伟鹤深知股权投资必须能够真正参与到企业，帮助企业实现它的价值，这便需要“将心注入”。郑伟鹤：“我们不喜欢过多干预企业经营，每个企业的成功都不是偶然的，他们都有自己的文化和逻辑。我们的原则是：不希望我们出现的时候坚决不出现，需要的时候就一定要出现。企业有时不需要你做什么，只要你在场就行。在企业上市的过程中，投行他们自己选，我不主动推荐。当然，他们遇到什么问题的时候，会来征求我们的意见，我们对企业是有求必应的。”

同创伟业投资欧菲光科技之后，委派郑伟鹤担任公司董事，通过董事会为公司提出很多有建设性的建议。先后为公司推荐了财务总监及董秘并被公司所认可，在公司多次出现流动资金不足之时，借给公司短期债，帮助公司渡过最困难时期。在金融危机之时，与公司同心同力，为公司出谋划策，帮助公司在市场下滑中依然获得很好的增长。结合深创投，两家投资机构积极为该公司提供在经营战略、上市公司方面帮助该公司实现快速发展。为了应对欧菲光科技的扩充产能，公司做出了整体搬迁的决定，同创伟业的投资团队积极配合，虽然最后欧菲光科技在光明新区政府的邀请下购买了一处成熟的厂房，还是对两家公司的投资团队的工作非常感激。

投资团队还为欧菲光公司的贷款进行担保，提高其在银行的授信额度，满足了该公司流动资金的需求。通过股东增资和增加长短期贷款以缓解资金压力，使得现金流入增加。随着前期固定资产投入的积累及产能的逐渐释放，产能瓶颈问题得到暂时缓解，产销量的快速上升优化了公司现金流。随着生产规模的不断扩大，厂房基建及设备采购投入较多，投资活动产生的现金流出较大增加。

在上市前，也正是在同创伟业的投资团队牵线搭桥下，把辅导企业上市经营丰富的券商中银国际引荐给欧菲光科技做上市保荐人（这也是中银国际的首次中小型民营企业IPO案例），协调和推动欧菲光与各级地方政府的沟通和联系，为欧菲光设计上市方案，从而为公司上市创造了良好的条件和机遇。

此外，还积极为欧菲光联系上游供应商和下游客户，投资团队提供的这些服务及时周到，帮助欧菲光科技解决了一个个困难。

未来之路翱翔于中小板

公司以引进投资者为契机，抓住行业发展的机遇，增大投资扩大产能，为今后几年保持快速发展打下基础。

表1　欧菲光2007年到2009年度的现金流量表

项目	2009年度	2008年度	2007年度
经营活动产生的现金流量净额	4,917.97	3,936.65	3,909.80
投资活动产生的现金流量净额	-4,775.90	-7.198.38	-10,762.02
筹资活动产生的现金流量净额	1,576.88	4,046.32	7,963.66
汇率变动对现金的影响	-23.46	-42.14	-178.96
现金及现金等价物净增加额	1,695.29	742.45	932.48

表2　欧菲光在接受投资后四年内的总体经营业绩盈利能力分析（单位：万元）

项目	2007年度		2008年度		2009年度		2010年度	
	金额	增长率	金额	增长率	金额	增长率	金额	增长率
主营业务收入	15326.63	/	23062.66	50.74%	37289.19	61.69%	61796.10	65.72%
主营业务成本	10226.33	/	16588.02	62.21%	27418.55	65.29%	47816.00	74.39%
毛利	5100.30	/	6474.63	26.95%	9870.64	52.45%	13980.10	41.63%
营业利润	3298.26	/	3705.99	12.36%	5588.16	50.79%	5656.82	1.23%
利润总额	3346.11	/	4009.51	19.83%	5667.54	41.35%	6116.17	7.92%
净利润	3055.89	/	3728.00	21.99%	5098.79	36.77%	5208.88	2.16%

在这四年里，主营业务收入的绝对额成明显的上升趋势，增长率也有较大比率的变化，这些都是由于所融资的创投机构为其提供充分的流动资本。

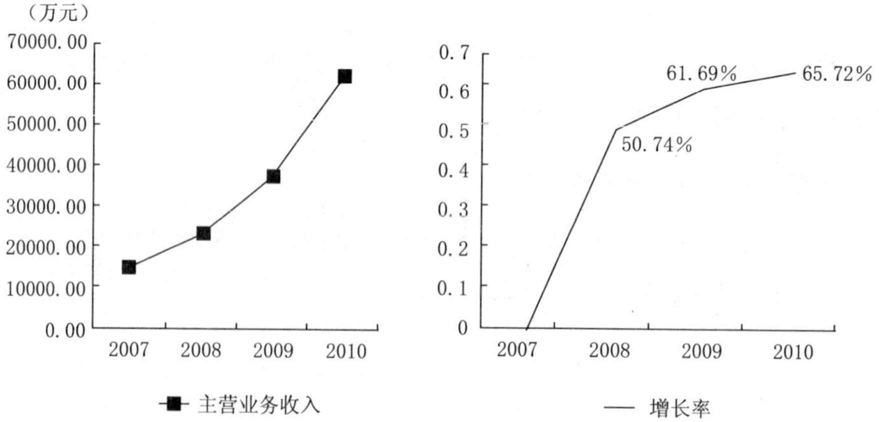

图5

公司在红外截止滤光片市场份额也不断上升，2007年和2008年，公司均占据该市场全球出货量第一的位置。

表3 2006～2008年全球红外截止滤光片市场份额分布

	2008年		2007年		2006年	
	出货量（万片）	份额	出货量（万片）	份额	出货量（万片）	份额
本公司	25,640	26.93%	20,105	24.00%	9,807	14.51%
水晶光电	19,700	20.69%	15,687	18.73%	7,223	10.69%
哈威特	10,960	11.51%	8,850	10.57%	10,220	15.12%
田中技研	8,650	9.09%	7,160	8.55%	6,715	9.94%
晶极光电	7,090	7.45%	6,240	7.45%	5,907	8.75%
其他厂商	23,160	24.33%	25,718	30.70%	27,707	41.00%
合计	95,200	100%	83.760	100%	67,579	100%

2012年，蔡荣军迎来了自己的不惑之年。同时，欧菲光也迎来了发展的好时机。该公司已经制定了下一步经营计划：

1.继续加大研发投入，提升公司的研发水平。

2.进一步提升公司的管理水平特别是人力资源管理水平。

3.加强募投项目管理，力争苏州项目和南昌项目提前达产。以通过募投项目的有效实施，扩大市场份额，提高公司的竞争力和盈利能力，提升公司企业形象。

4.进一步增强市场开拓力度，公司将继续加大公司营销及推广力度，除了满足传统客户，公司还将重点开拓一线品牌客户。

退出之路在于企业发展

2010年8月3日，深圳欧菲光科技股份有限公司在深交所上市。欧菲光此次上市共发行2400万股，每股发行价30元，净融资6.66亿元。上市后，欧菲光总股本增至9600万股，发行股本占比25%，首日市值为28.8亿元，此次欧菲光上市也将使同创伟业顺利退出并获得丰厚回报。从欧菲光招股书的股权结构部分可以了解到，同创伟业持有其674.56万股，占发行前总股本的9.37%。按发行价30元计算，创新资本可获得约3.18亿元的回报，同创伟业可获得约2.02亿元的回报。同创伟业持有欧菲光的股份在欧菲光上市之后可以退出，但是同创伟业并没有选择一次性的退出，继续享受企业高成长的回报。

退出之后并不代表对企业提供的服务随之终止，因为在郑伟鹤的眼中，现在已经上市的企业不再是一个企业，而是自己的一个充满生命力的孩子，当顺利生下孩子之后，你还要为他的成长负责，因此，同创伟业对欧菲光的增值服务将始终贯穿于欧菲光的发展的道路上，为欧菲光的腾飞贡献力量。

从欧菲光腾飞看创投作用

行业研究是关键

在分析判断这个项目时，投资团队对欧菲光所在行业的深刻理解和全方位把握起到了关键的作用。在接触到该企业后，投资团队马上组织团队成员，对光学镀膜元件行业开展全面的研究与调查。当时由于创投机构内部熟悉光机电领域的专家不多，投资团队还积极借助了外部专家的力量，形成了多份研究报告，投资团队成员也有该行业的“门外汉”变成了有全面知识和独立判断能力的“行内人”。这种深入的行业研究，一方面加强了投资团队与企业管理团队的交流与沟通，另一方面也增强了投资团队的投资能力。例如：投资团队在做尽职调查的时候，有专家提出欧菲光的产品（玻璃镀膜光学器件）存在被替代的可能（塑料光学器件），投资团队通过走访大量的已投企业和欧菲光的上下游企业，排除了这种可能，坚持了自己的独立判断。另外，当欧菲光研究出替代进口的大型设备之后，投资团队敏锐地意识到这是一个重大的利好，马上调整投资策略，这对最终通过投资决策起到了重要的作用，形成这种敏锐的反应力，同样离不开对整个行业的深度把握。

投后服务很重要

在投资欧菲光之后，投资团队时刻保持和欧菲光科技高层的良好沟通，及时了解该公司的需求，尽可能帮助该公司解决发展道路上的各种困难。在该公司有明确资金需求时，投资团队快速决策，参加了第二轮增资，并且协助该公司从银行申请多笔贷款，除了之前提到的争取生产用地、帮助申请贷款额度、推荐保荐人之外，投资团队还从法律财务方面协助该公司满足上市要求，并组织该企业高管参与创投机构组织的企业家俱乐部，与光电行业的其他已投资企业及创投机构已上市的企业互动，这些服务工作成功地助推了欧菲光科技高速发展。

二次增资是机遇

在欧菲光第二轮融资时，深创投在第一年的投资在半年内已经有13.3%的溢价，投资团队当时的选择非常多，既可以选择不增资，也可以选择高溢价转让其他投资者，还可以选择增加投资。这时，投资团队做出三个方面的战略分析：第一，看行业的发展趋势。第一轮投资之后，投资团队没有停止对欧菲光的行业研究，反而进一步将行业分析的工作扩大到了上下游企业。第二，看资金的使用情况。欧菲光所在的行业是一个资金密集型行业，资金的使用效率是关键。投资团队欣喜地看到，欧菲光利用第一笔投资增加设备、在苏州设分公司、开拓长三角市场，半年来该公司产能扩张了2倍左右，主营产品出货量同比增长近一倍，而且很多客户排队采购。而对第二轮融资的用途，该公司也有着明确的规划，这说明该公司的资金使用非常高效。第三，看管理团队的执行情况。创投机构投入资金之后，就会在该公司担任相应的董事，在这个过程中，投资团队也在认真地考察公司的管理层，发现该公司的管理层，特别是公司的创始人，有着非常好的诚信力和执行力，在资金的使用上也非常谨慎，对外来的投资有完好的规划。这让投资团队对增资更有信心。基于以上分析，投资团队积极促成并参与了欧菲光的第二轮投资。

回顾整个投资过程，我们发现，欧菲光项目投资的成功关键在于投资团队掌握了国际和国内消费类电子行业的发展规律，看到了企业的投资价值。在目前“全民PE”的热潮下，在创投业同质化、高估值、泡沫化的环境下，业界普遍认为整个创投行业将经历一个大浪淘沙的洗牌过程。深创投和同创伟业一直倡导专业化投资。专业化投资策略有助于VC/PE把握住一些具有潜力的早期投资机会；有助于更好地控制风险；有助于为企业提供更好的增值服务。专业化投资是创投机构形成核心竞争力的重要途径，将是创投机构立于不败之地的关键之匙。

小资料

深圳市同创伟业创业投资有限公司

深圳市同创伟业创业投资有限公司（简称“同创伟业”）成立于2000年6月26日，注册资本1亿元人民币，是中国第一批专业创业投资公司，公司长期专注创业企业投资，是中国投资协会创业投资专业委员会副会长单位，深圳创业投资同业公会副会长单位，是天津私募基金协会发起理事单位，深圳私募基金协会副会长单位。公司为深圳和全国多家中小型企业提供创业资金，协助企业规范运作、改善治理结构、参与企业战略决策、提高盈利水平、策划上市，与企业共同成长。

同创伟业成立11年来，旗下已设立5支基金，管理资金规模达55亿人民币，管理资产规模超75亿，是国内最为活跃的本土品牌的民营创投企业之一，是中国第一家有限合伙制创投企业、中国第一批本土品牌专业创投机构、中国第一批获新股询价资格的创投机构、中国第一家退出IPO上市企业的有限合伙制企业。公司以投资为切入点，致力于扶持新能源、新材料、通信电子、环境保护等新兴高科技企业和新型消费服务业的发展，先后投资了百余家企业，不断为中国资本市场推出优质上市企业，均在细分行业保持龙头地位。近年来，同创伟业更创造了民营企业创投上市数量第一，一线创投机构上市成功率排名前列、国内第一家实现现金分红的有限合伙创投基金等骄人业绩。

专家点评

在投资者的视野中，有三种值得特别关注的创业者。一是拥有技术生产力的人，如果这样的人携带着有竞争优势的技术生产力去创办企业，投资人是喜欢的。二是拥有多年企业经验的人，无论其是高管、技术人员还是一般员工，因为这样的人多是看到了市场机会，且认为自己有能力和资源去驾驭时，会走出来创办新企业。这样的创业者，主要是做他熟悉领域的事情，投资人投资这样的企业会比较放心。三是聪明过人，尽管没有企业经验，甚至也不掌握技术，但创造性地发现了市场机会，以创新的商业模式去经营企业。本案例中的企业家蔡荣军具有第二种人的属性。从案例中可以感受到，蔡荣军在柯达时已经成为一个技术的领导者，但他的特质不限于此，他还是具有敏锐商业感觉的人，在后来"欧菲光"的市场定位上利用他过去的产业经验，做出了理性的选择，走向正确的道路。

同创伟业作为公司的早期投资机构，同样有熠熠生辉之处。特别值得推荐之处是，同创伟业投资"欧菲光"时，既重视团队又重视市场。

尽管业界流行投资看人的说法或者做法，但没有哪个公司投资只看人不看市场。其实，两个同样重要，投资时既需要看人（创业团队，尤其是核心创始人），也要看市场，需要有一个合适的业务和市场。

最近的调查研究也发现，已经上市公司，在追溯其从创业到上市的过程中，创业团队和公司业务相比较，创业团队往往变化很大，甚至创始团队都退出了，但是，公司业务变化很小。这说明起初确定的公司业务或者市场定位同样是十分重要的，并不是有了"梦之队"般的创业团队，就什么奇迹都能创造出来。

同创伟业在看人的同时，很重视市场研究，充分调查行业发展的驱动因素，即看人也看市场的"双重视"经验是值得学习的。

高健
清华大学中国创业研究中心主任

创投中国

中国电视剧第一股

2010年10月26日，浙江华策影视股份有限公司（简称“华策影视”）登陆深圳证券交易所创业板，发行价68元/股，发行市盈率85.43倍，成为浙江省第一家上市的影视制作公司，也是继华谊兄弟之后又一家登陆创业板的影视公司，被誉为“中国电视剧第一股”。

2005年，长期关注和从事影视相关工作的赵依芳夫妇，抓住国内文化产业快速发展的机遇，注册成立了华策影视公司。华策影视紧紧抓住编剧这一核心竞争力，积极进行多元化经营，在当时文化行业还不被创投机构看好的情况下，引起了浙商创投等众多创投机构的兴趣，最终浙商创投受到华策影视的青睐。浙商创投入股华策影视后，一方面积极优化了华策家族企业的股权结构，另一方积极提供增值服务，为华策影视的快速发展注入了新的活力。

目前，华策影视旗下拥有浙江金球影业有限公司、浙江金溪影视有限公司、杭州大策广告有限公司三家全资子公司，成为国内目前规模最大、实力最强的民营影视企业之一，也是经国家商务部、文化部、国家广电总局、新闻出版总署四部委批准的首批国家文化出口重点企业。华策影视的成功上市，也成为浙商创投2010年最成功的投资项目案例。

崭露头角，华策影视初长成

浙江华策影视股份有限公司成立于2005年10月，其前身是浙江华策影视有限公司，最早由杭州华新影视制作有限公司（现已更名为杭州大策投资有限公司）和自然人傅梅城（现任华策影视的董事长）共同投资设立，实际上该公司的实际控制人一直为傅梅城、赵依芳夫妇。

傅梅城，1957年出生，毕业于浙江广播电视大学，较早从事民营企业的创业，有二十多年企业管理和经营经验，2000年投资设立杭州华新，2005年投资设立了华策影视，现任华策影视的董事长。

赵依芳，1959年出生，毕业于浙江广播电视大学，杭州大学研究生课程进修。曾任浙江省东阳市妇联副主任、东阳市白云办事处副主任、东阳市电视台台长、东阳市广电局副局长，现任浙江华新影视有限责任公司董事总经理，还兼任浙江省民营企业家协会副会长、杭州市上城区人大代表、浙江广播电影电视产业协会常务理事等社会职务。

赵依芳一直是影视圈的风云人物，2002年当选为全国“百佳电视艺术工作者”，成为当时唯一一名获奖的民营影视企业家；2007年当选为“第三届中国企业改革十大风云人物”；2008年荣获“改革开放30周年浙商女杰30强”称号。

一个是有经验的企业管理者，一个是有梦想的影视实践者，两者的结合堪称完美，在他们的带领下，华策影视在影视行业树立起了一面旗帜。

华策影视自成立以来，一直专注于影视剧的制作、发行及衍生业务，其中电视剧业务位于电视剧行业民营企业第一梯队，是浙江省电视剧行业民营企业龙头。目前华策影视已经形成了年产约300集电视剧的生产规模。

目前我国电视剧市场制作主体数量庞大，电视剧市场集中度较低，华策影视制作、发行影视剧的市场占有率较高。2009年度全国完成并获得国产电视剧和合拍电视剧发行许可证的剧目共414部13294集，华策影视作为制作单位制作发行国产和合拍电视剧6部249集，市场份额按集数和部数均位于民营制作机构的第二位，华策影视合拍剧市场份额按集数和部数均位于民营制作机构的第一位。

2008年度，华策影视电视剧发行收入占全国电视剧市场交易金额的比例约2%。在引进剧方面，华策影视在引进境外电视剧发行业务方面优势明显，与香港TVB等境外影视剧制作机构保持长期的战略合作关系，华策影视在报告期内与电视台共联合引进境外电视剧9部189集。2009年度，华策影视引进剧业务市场占有率高达4%左右。在影视剧出口方面，2009年华策影视出口电视剧占全国电视剧出口总额的5.1%。

2007年和2009年，华策影视连续两次被国家商务部、国家新闻出版总署、国家广电总局、国家文化部评为“国家文化出口重点企业”；在“TV制胜——全国制作业大型调研展评”活动中，被评选为国内“最具实力电视剧制作机构”；被上海东方电影频道评选为“最佳合作单位”；在南方盛典“剧”变50年2008年度颁奖礼上荣获“金南方年度电视剧最佳出品公司奖”奖项。《中国往事》、《倾城之恋》、《万卷楼》被国家商务部等四部委列为2009～2010年度国家文化出口重点项目，在入选电视剧部数和集数上均位列第一。

华光绽放，华策影视的核心竞争力

作为一家民营影视企业，能够取得如此骄人的成绩和令人艳羡的荣誉，是因为其自身具有雄厚的竞争优势，包括金牌编剧、多元化业务、高占有率的市场等，这些优势成为其增强核心竞争力的取胜之道。

主打金牌编剧——强大的核心竞争力

随着电视剧产业的日趋成熟，产业规模的不断增大，电视剧行业已经形成了包括投资剧本、制作剧情、交易版权、收视点播和广告经营五大环节的基本完整产业链。而这五个环节都是围绕剧本展开的，对于电视剧来说剧本是灵魂，剧本是卖点，一个好的剧本对观众的感召力甚至要胜于著名演员。华策影视一开始就把主要精力投入到制作剧情，即我们平时所说的编剧这一环节上面。

与已经上市的有着“电影第一股”的华谊兄弟强调导演和明星演员不同，华策影视着重的却是有着隐形竞争力的编剧这一无形资产。在华策影视总经理赵依芳的眼里：“一个知名导演和大腕明星也许能撑起一部电影，但绝对不足以撑起一部电视剧。剧本是整个电视剧产业链的源头，是电视剧成功与否的关键。现在很多电视台预购电视剧首先会看编剧是谁，再看演员阵容。而许多一线明星，如果碰上好的编剧、好的剧本，宁可降价出演。毕竟，戏养人啊。姚晨要不是有《武林外传》和《潜伏》，会这么红吗？”由此亦可以看出，编剧在电视剧这一行业的重要性。剧本从根源上决定了影视作品的质量和成败，优秀的剧本也是制作精品电视剧的保障。

剧本重要性的上升也带动了编剧和作家地位的提升。华策影视对签约编剧、特约作家，采取了基础补贴与作品稿酬相结合的分配方法，保证了作品的质量和档次。著名作家刘恒、池莉、毕飞宇、苏童，著名剧作家邹静之、朱苏进、贺恒祥、王丽萍、杜文和、汪海林、徐兵等，都是华策影视的签约、特约作家或编剧，每年为华策影视提供大量的创作题材和优秀剧本。

在华策影视众多资深的编剧中，最有代表性的就是邹静之和刘恒，邹静之被媒体誉为国内“第一编剧”，曾参与创作过电视剧《铁齿铜牙纪晓岚》、《康熙微服私访记》，电影《千里走单骑》等，曾与华策影视合作过电视剧《倾城之恋》，而刘恒则因《集结号》、《云水谣》等影片享誉国内，这些著作都是脍炙人口的经典著作，由其带来的社会影响力也足见编剧对一部成功的电视剧取得高收视率的重要作用。

业务多元化——强化核心竞争力

目前，华策影视主要从事影视剧的制作、发行及衍生业务。在华策影视所从事的主营业务中，电视剧和电影业务分属影视产业中的两个细分行业，在这两个细分行业中，华策影视主要从事电视剧的制作、发行业务，并已初步从事电影制作发行业务。

华策影视电视剧业务具体分为投拍剧制作发行和外购剧发行。投拍剧业务分为独家拍摄和与影视剧制作机构联合拍摄两种情况。外购剧业务，是指华策影视购买境内外其他影视剧经营的剧目相关版权，由该机构授权华策影视发行。外购剧业务包括两种，一种是从国内影视剧经营机构购买电视剧版权；一种是与电视台联合从境外影视剧经营机构引进电视剧。

华策影视电视剧投拍业务所形成的主要产品就是电视剧作品（即电视台播放的电视剧、音像制品等）及其衍生产品（广告等）。电视剧拍摄完毕并取得发行许可证后，即形成了可售电视剧产品，华策影视与各电视台签订电视剧播放许可合同，将电视剧播放权出售给电视台，华策影视获得发行收入。同时，华策影视将电视剧音像制品的版权转让给音像公司，取得相应的版权转让收入，以及通过网络点播、IPTV、手机电视、移动电视等授权方式取得新媒体播放权收入。

电视剧衍生产品，包括公关活动广告（商家赞助）、植入性广告、电视图书出版等。

除了投拍剧业务外，华策影视外购境内外其他影视剧经营机构制作的电视剧并发行的数量也是与日俱增，确保了华策影视的持续盈利能力，成为华策影视重要的盈利来源之一。

电视剧业务与电影业务的结合，境内与境外影视剧经营机构的合作，使得华策影视业务朝着多元化的方向发展，进一步强化了企业的核心竞争力。

高占有率的市场——稳固企业的核心竞争力

电视剧制作行业属于传统意义上的行政管制行业，随着文化体制改革的不断深入，国家对电视剧制作业务的准入许可逐步放开，对境内资本从事电视剧制作业务已基本放开，目前政策准入门槛较低，所以影视行业中的企业数量众多，市场集中度较低，竞争比较充分。

作为这个自由竞争市场上的一家民营化企业，华策影视正是通过自身的金牌编剧和业务多元化的优势，抢占了较大的市场，并通过如此高占有率的市场，进一步稳固了企业的核心竞争力。

目前，华策影视已形成年产300集的生产规模，主要作品有《命运交响曲》、《抬头见喜》、《爱上查美乐》、《钟馗传说》、《新京城四少》、《流星蝴蝶剑》、《天涯明月刀》、《万卷楼》、《倾城之恋》、《中国往事》、《夫妻一场》、《叫一声妈妈》等，多部作品荣获中国电视剧最高奖项“金鹰奖”、“飞天奖”、“五个一工程奖”，其中《中国往事》还在有电视剧“奥斯卡”奖之称的韩国首尔国际电视节上荣获最高奖项——最高电视剧大奖，这是中国电视剧首次获得此项殊荣。

华策影视在同行业中的地位及其市场份额，从下面两个统计表可见一斑。

表1　2009年度民营制作机构获得国产剧和合拍剧发行许可证的排名

排名	制作机构	数量（集）		数量（部）	
		集数	市场份额（%）	部数	市场份额（%）
1	海润影视	346	2.6	10	2.4
2	华策影视	249	1.9	6	1.4
3	华谊兄弟	225	1.7	6	1.4
4	大连天歌传媒股份有限公司	122	1.7	6	1.4
5	上海新文化传媒投资集团	119	0.9	4	1
6	北京小马奔腾影视文化发展有限公司	107	0.8	4	1

表2　2009年度全国影视剧制作单位获得合拍电视剧发行许可的排名

排名	制作机构	数量（集）		数量（部）	
		集数	市场份额（%）	部数	市场份额（%）
1	中国国际电视总公司	76	19.79	3	25
2	华策影视	55	14.32	2	16.67
3	北京铁马影视文化艺术公司	54	14.06	2	16.67
4	深圳市深广传媒有限公司	47	12.24	2	16.67

由表1和表2可以看出，华策影视投拍并取得合拍电视剧发行许可证的电视剧，按部数和集数计算，制作率分别为16.67%和14.32%，位居全国影视剧制作企业第二位，位民营制作企业第一位。

在华策影视发展的历史长河中，以“打造华人文化传媒旗舰，传播优秀中华文化”为宗旨，以市场为导向，以品质为根本，成功制作了上千集思想性、艺术性、观赏性俱佳的精品电视剧，涵盖古装、现代、偶像、情景剧等多种题材，华策影视运营机制灵活、人才储备充足、营销战略深远、品牌效应显著，摄制出品的电视剧作品均在各大电视台黄金时段播出，得到电视观众及媒体的普遍认同，屡创收视率新高。

佳绩吸创投，浙商创投入股华策影视

目前，国内民营影视制作机构普遍规模不大，“轻资产”运营特征明显，很难通过资产抵押等途径或单凭企业信用获得银行贷款，由于资金瓶颈的限制，一些电视剧制作机构追求短期效益，压缩成本和制作周期，从而影响行业整体制作质量的提高，对行业的发展形成了不利影响。

华策影视的发展规模的扩大也摆脱不了资金的限制。2008年上半年，中国证监会就《首次公开发行股票并在创业板上市管理办法（征求意见稿）》向社会公开征求意见。当时外界普遍认为中国创业板的门槛将会很低，“那时听说可能只需要上千万的资产、一年两百万的净利润就能够进创业板。而对华策影视发展而言，进行更多的影视制作也的确需要更多资本。”华策影视总经理赵依芳笑言当时公司高层对创业板颇有点“动心”，华策影视也就是从这时开始考虑计划上市融资事宜。

同时，赵依芳也感觉到上市是非常专业性的流程，华策影视内部必须有专业人士参与，外部则必须有中介机构参与，但首先重要的是完成股份制改革和股东结构优化，因此吸引创投机构入股进入成为华策影视上市计划的选择。

在2008年一次政府组织的文化创意产业的研讨会上，浙商创投合伙人李先文作为评委参加研讨会，而华策影视就是参评项目之一。在当时文化项目还不被创投机构看好的情况下，李先文敏锐地觉察到华策影视这个项目是个值得关注的项目，一段创投界美好姻缘就此展开。

文化产业，特别是影视类的投资被很多创投认为是摸不着、看不透的行业。长期以来，影视公司似乎一直是创投行业的“禁区”。一方面，这个行业在国内还没有上市的先例，没有比较好的退出机制，让不少创投机构望而却步；另一方面，这个行业有很多独特的地方让一些职业投资人有点摸不太透，毕竟此类公司和很多娱乐名人相关联，太惹眼，而且这个行业波动性比较大，成功了一夜成名，失败了可能血本无归。

浙商创投在文化产业投资方面一直走在行业的前面，除了华策影视，浙商创投还投资了中南卡通、华数传媒、中博展览等，这些项目也显示了浙商创投对文化类产业的重视。

作为浙商创投的合伙人和钱江基金的副总经理，李先文很早就关注文化产业并情有独钟。

到底是什么吸引了浙商创投最终决定投资这个华策影视呢？全程负责华策影视项目投资的李先文介绍了当时投资华策影视的情况。

一是，看好华策影视未来在创业板上市的机会。李先文说："我们投资华策影视的时候，华谊兄弟也还没上市的信息，但是，我们认为创业板可能会选择一些文化企业上市，那么类似的企业应该有机会"。

当时，在浙商创投李先文团队里面，大多投资人员是文科背景，对这类企业也更加的熟悉，并且之前他们有过投资华数传媒的经验。李先文认为像华数传媒、华策影视这样的以"轻资产"为主的创业型并且利润比较高的行业，与传统行业相比，有一定的技术含量和行业壁垒，可以作为上市储备企业。

浙江华数传媒网络股份有限公司（原华夏视联控股有限公司）是国内互动电视龙头企业，专业从事数字电视网络运营与新传媒发展的运营企业，致力于推进"新宽网、新传媒、新通信、新信息化应用"的新一代网络综合业务，首创了融合"数字电视、互联网、信息通信"的"全媒体"服务，华策影视作为其上游企业，投资华策影视，就进一步完善了企业的产业链，有助于企业资源的整合。

二是，李先文认为华策影视是一家难得"干净"的公司。影视行业中的很多影视类的公司不太规范，并且行业内也有比华策影视规模大得多的公司，但是，很多财务不是特别规范；一些地方政府对行业有一些优惠政策，这本来是好事情，但是，一些公司为了享受这样的政策，运作一年就可能换个名字再注册一个公司，这样，就根本无法查它的历史；很多影视类公司演员的片酬这一点做得很差，从知名演员到群众演员都不规范。而华策影视却有一套明确的体制来运行，发展概况清晰，财务资料健全，这给浙商创投做前期的尽职调查提供了便利。

三是，华策影视有一个优秀的团队。团队是浙商创投选择投资企业的一个重要因素，特别是在这个以内容为王的文化产业。文化产业的特点决定了，要进行影视行业投资，投资者必须是一个对文化有特别理解、有文化素养、有艺术涵养，能够明白影视公司理念的人。被投资的公司里要有这样的人，创投公司里也要有这样的人，也就是说要对文化产业的内容能够理解。在华策影视，就有这样一批能够理解文化产业的人。公司总经理赵依芳凭借近三十年的从业经验和在业内的声望，依托传媒业发展的契机，带领着从业经验丰富的团队，打造了华策影视品牌，在业内享有较高的声誉。华策影视秉持可持续发展的科学经营理念，依靠准确的产品定位、强大的发行能力、良好的品牌形象及资源整合能力，聚集了一批优秀的人才，并与国内著名导演、编剧保持长期稳定的战略合作关系，在电视剧策划、制作、发行的完整的产业链上构建了华策影视的核心竞争优势。

最后，华策影视在发展的过程中所拥有的优秀的编剧资源，以剧本为核心融合资源，整合业界顶尖创作力量和优质影视资源，与国内众多顶级编剧、导演、演员建立了长期稳定的合作关系，展示出强大的资源整合能力。华策影视与多位著名编剧、导演、监制等签订长期战略合作协议，形成了一批相互认同、能够与华策影视长期深度合作的战略伙伴。

当前，我国文化产业尚处于从事业到产业的转型改制阶段，人才及各类资源分散，体制和组织形式多样。华策影视抓住了行业发展的历史性机遇，凭借可持续发展的科学经营理念，长期坚持诚信、合规、共赢的经营思路，打造精品力作，塑造良好的品牌形象，获得了合作方和客户的广泛认同。

李先文从行业到企业再到管理层对华策都是持肯定态度："文创产业是国家倡导的支柱产业，势头好。浙江文化企业众多，华策影视制作的作品口碑好、质量高。其负责人赵依芳的个人风格我们非常欣赏。"

2009年7月8日，杭州华策影视股份有限公司与浙江浙商创业投资股份有限公司签署《增资协议》，浙商创投以现金3404.82万元增资认购424.2万股新增股份，合8.03元/股。

浙商创投助力华策影视

浙商创投的进入为华策影视的发展提供了资金保证，优化了股东结构和公司治理，促进了资源整合，为华策影视的快速发展和上市打下了坚实的基础。

一是，协助华策影视完善优化股权结构。华策影视是一家大股东绝对控股的家族企业，为了协助企业上市股改，首先就必须要改善其股权结构，最为重要的就是积极建议将部分知名编剧引为企业的股东，以稳定团队。在股改之后，邹静之和刘冠军在华策影视的持股数为211824股，持股比例为0.5%，这一创新的举动既完善了企业的股权结构，有助于企业的上市，也保证了企业与编剧之间能够形成稳定的合作关系。

二是，完善提高了华策影视的治理和管理水平。股改之前华策影视很多的决策大多都是由大股东直接决定，公司的决策和管理存在很大的潜在风险，浙商创投在各方面帮助企业形成更加规范合理的现代企业管理制度，成立董事会、监事会，并派其董事长陈越孟作为华策影视的董事会成员之一，在企业决策方面发表意见并行使监督权，共同促进企业内部更加规范，企业的各项决策更加合理化，促进企业的长远发展。

三是，整合行业资源。作为一个影视行业，一部电视剧的好坏关键因素在其本身，但后期的宣传与播出则是必不可少的外部条件。华策影视所拍的优质电视剧，通过浙商创投之前投资过并且是华策影视的下游企业的华数传媒，为电视剧取得超高的收视率贡献不少，减少了华策影视与其他下游企业谈判的时间和成本，提供了办事的效率，在一定程度下，为华策影视量身定制影视的发展计划。通过浙商创投所拥有的各种资源，为华策影视提供了全面的支持，促进了企业间资源的整合，打通了产业链。

四是，为华策影视上市过程提供全面的服务。华策影视的管理层不熟悉资本市场的运作，而浙商创投已与建银国际、中信证券、中金证券、广发证券等建立战略合作，可与战略合作机构联合对投资项目进行多种形式的投资组合和退出安排，此外还积极为华策影视推荐优秀的会计师、律师等中介机

华策影视挂牌上市

左：华策影视董事、总经理赵依芳；右：浙商创投董事长陈越孟

构，助推了企业成功登录创业板。

浙商创投入股后，华策影视的经营业绩持续增长，权益净利率上升了9个百分点，说明对企业的投资大大增加了企业的价值。华策影视在2010年取得的各项成绩也说明了创投机构对企业发展的贡献，在众多的奖项中，较为突出的有：百集古装喜剧《万卷楼》被授予中华人民共和国商务部、文化部、广电总局、新闻出版总署“2009～2010国家文化出口重点项目”，47集古装精品剧《包青天》获上海东方电影频道颁发“2009～2010年度收视优秀奖”，华策影视被中共浙江省委宣传部、浙江省发改委、省文化厅、省新闻出版局、省广播电影电视局、省文化产业促进会授予“浙江省文化示范基地”，等等。

2010年10月26日，华策影视闪耀登陆创业板，涨幅58.53%。从目前已经上市的歌华有线、中视传媒、广电网络、天威视讯等广电类股票和新华传媒、博瑞传播、粤传媒等平面媒体类股票来看，无一不是具有国有背景的。在中国资本市场还处于千军万马过独木桥的稀缺资源大格局下，类似华策影视一类的民营影视企业，上市之难可想而知。但是，华策影视凭着其自身可持续发展的优势，并在浙商创投这一专业资本运营机构的协助下，克服了重重困难而成功上市。

华策影视作为创业板上影视行业的一个民营企业，上市既是对公司创业成长的认可，也是对未来发展的推动。上市并不是其最终目的，上市后，华策影视将全力以赴为繁荣中国影视文化产业而努力，在成就“华人文化传媒旗舰”的道路上不断前行。

浙商创投在无任何成功经验可循的情况下投资华策影视，敢于做第一个吃螃蟹的人，为其他创投对文化产业的投入提供了一种借鉴的模式，也为国家推动文化产业的发展提供了一种新的渠道。

小资料

浙江浙商创业投资管理有限公司

浙江浙商创业投资管理有限公司（简称“浙商创投”），是中国最活跃的浙商资本，融合国际化与本土化的管理模式，短短三年，成就了中国股权投资界的“浙商经验”，目前已经成为浙江省管理资金规模最大、投资项目最多的专业股权投资管理机构之一。

浙商创投秉承“传承浙商精神，助力民族产业”的理念。基于对本土经济的深刻理解，借助现代投资工具，浙商创投将通过资本与实业经济的有效对接，投资与品牌管理的完美结合，助力本土经济的顺利转型，实现浙商创投与民族企业的共赢。

专家点评

2010年10月26日，浙江华策影视股份有限公司登陆深圳证券交易所创业板，发行价68元/股，发行市盈率85.43倍，成为浙江省第一家上市的影视制作公司，也是继华谊兄弟之后又一家登陆创业板的影视公司，被誉为“中国电视剧第一股”。

华策影视的成功主要有以下三个方面的原因：

首先，行业定位准确。文化创意产业是一种在经济全球化背景下产生的以创造力为核心的新兴产业，主要包括广播影视、动漫、音像、传媒、视觉艺术、表演艺术、工艺与设计等方面的创意群体。《“十二五”发展规划》中将其列为未来发展的支柱性产业，该产业在我国原处于萌芽阶段，现已经进入高速发展的黄金时期，潜力巨大。

其次，强强联合，注重选择好的合作伙伴——浙商创投。国内民营影视制作机构普遍规模不大，资金的限制，导致一些制作机构追求短期效益，压缩成本和制作周期，从而影响行业整体制作质量的提高，对行业发展形成了不利影响，对企业也产生扩大发展的瓶颈。浙商创投在文化产业投资方面一直走在行业的前面，除了华策影视，浙商创投还投资了中南卡通、华数传媒、中博展览等文化类产业。这样的强强组合更好地助力华策影视的全面快速发展。

第三，将重视和主打编剧作为核心竞争力。编剧和剧本是整个电视剧产业链的源头，是电视剧成功与否的关键，将此作为核心竞争力的做法符合产业发展的规律，符合国内电视剧市场实际情况，能够并已经形成竞争优势。

路军

国开金融有限责任公司副总裁

南京红宝丽股份有限公司（简称“红宝丽”）于1987年成立，是专业从事聚氨酯硬泡组合聚醚和异丙醇胺系列产品研究开发、生产与销售的国家重点高新技术企业。红宝丽拥有硬泡组合聚醚的核心技术、特种聚醚多元醇的开发能力、快速脱模组合聚醚的开发能力、优化性价比的开发能力、合成异丙醇胺生产新工艺、新产品协同开发能力等多项技术优势。

红宝丽良好的市场前景、雄厚的技术优势以及强大的市场占有率不断引来众多的创投机构的眼光。2006年，江苏高科技投资集团有限公司（简称“江苏高投”）为红宝丽注入资本，使得企业有足够的资本进行技术研发和产品的更新换代。此外还为企业提供决策咨询、整合市场资源、完善治理结构和加强团队建设等极有价值的增值服务，最终促进了企业业绩的飞速提升。在江苏高投投资前，红宝丽2005年净资产8054万元，资产总额3.2亿元，销售收入3.45亿元，净利润1492万元。投资当年即2006年，净资产1.4亿元，资产总额3.8亿元，销售收入5.06亿元，净利润3130万元。到2010年，公司净资产6.13亿元，资产总额11.45亿元，销售收入达13.87亿元，实现净利润9824万元。

2007年9月13日红宝丽（股票代码002165）在深圳中小企业板上市。江苏高投目前尚未完成全部退出，预计回报率为30倍。

环保世界的“红色明星”

南京红宝丽股份有限公司成立于1987年，是在原南京市聚氨酯化工厂整体改制基础上，以定向募集方式设立的股份有限公司，是专业从事聚氨酯硬泡组合聚醚和异丙醇胺系列产品研究开发、生产与销售的国家重点高新技术企业。

红宝丽主要产品硬泡组合聚醚广泛用于冰箱冰柜、冷链集装箱、冷藏车（库）、建筑板材、石化管道、热水器、建筑喷涂等领域作隔热保温材料。是国内硬泡组合聚醚的主要生产商，位列中国化工企业500强、中国化工合成树脂行业50强和中国化工企业经济效益500强，在国内冰箱冰柜行业用硬泡组合聚醚市场的占有率保持国内同行第一。在异丙醇胺行业，公司具备万吨异丙醇胺系列产品能力，是目前国内唯一一家具备万吨以上生产能力的企业。

红宝丽通过多年的技术创新、市场创新和产能扩张，已经占领了冰箱冰柜行业用硬泡组合聚醚16.16%左右的市场份额，成为国内最大的硬泡组合聚醚生产企业，其市场占有率如表1所示。

表1 2006年度国内冷藏行业硬泡聚醚主要厂家的销售量及其市场占有率情况

生产企业	产能	销售量	国内市场占有率	市场领域
南京红宝丽	40	29	9.6%	冰箱（柜）等
巴斯夫	20	13	4.5%	集装箱、冰箱等
天津天寰	18	12	4.1%	冰箱等
亨斯曼	20	10	3.4%	冰箱等
陶氏化学	20	14	4.8%	冰箱（柜）、汽车等
拜耳	20	13	4.5%	集装箱、冰箱等
广东浪腾	15	8	2.8%	冰箱（柜）、板材、仿木等
广东容威	20	12	4.1%	冰箱（柜）等
山东东大	10	13	4.5%	集装箱、太阳能
其他	168	166	57.7%	其他市场
合计	361	290	100%	—

来源：红宝丽股份有限公司招股说明书

众多的荣誉和成绩围绕着这匹“绿色战场”上的“红色战马”，综观其历史发展过程，这些荣誉的取得离不开其自身的技术优势，也离不开江苏高科技投资集团有限公司对其投入的资本以及为其提供的增值服务。

核心“星”术——技术壁垒

当“环保”这个词成为人们日常生活关注的焦点时，已足见其对人们生活的重要性。随着人们对环保设备的需求日益增长，各个环保企业为了抓住顾客的需求、抢占市场，都纷纷地进行技术创新。在这个激烈竞争的市场上，红宝丽凭借其较高的技术壁垒，也即这颗耀眼的“红色明星”的核心力量，使得企业不断地创新产品品种，形成了强大的核心竞争力。

红宝丽主要从事聚氨酯硬泡组合聚醚和异丙醇胺系列产品的技术开发、生产与销售，主要产品为聚氨酯硬泡组合聚醚和异丙醇胺系列产品。聚氨酯硬泡组合聚醚由聚醚（酯）多元醇、催化剂、泡沫稳定剂、发泡剂、阻燃剂等原料组合而成，是生产聚氨酯硬质泡沫塑料的重要原料。聚氨酯硬泡组合聚醚和聚合MDI（多苯基多亚甲基多异氰酸酯，俗称“黑料”）进行发泡反应，生产聚氨酯硬泡。异丙醇胺是一种重要的基础性化工原料，是一异丙醇胺（MIPA）、二异丙醇胺（DIPA）、三异丙醇胺（TIPA）的统称，兼有醇和胺的化学性质，已被广泛应用于生产表面活性剂、化妆品/个人护理用品、染料及颜料、医药及农药中间体、纺织助剂、工业与民用洗涤剂、酸性气体脱硫剂、金属保护剂、聚醚多元醇起始剂、水泥外加剂等多种产品。公司自设立以来，主要产品为聚氨酯硬泡组合聚醚，从2001年开始公司新增了异丙醇胺系列产品。

硬泡组合聚醚目前主要供应冰箱、冰柜企业使用，硬泡组合聚醚生产企业要想进入冰箱、冰柜生产企业需要一个长期的过程，虽然硬泡组合聚醚成本占整台冰箱成本的比重较小，但发泡质量是决定冰箱、冰柜产品性能的关键因素。由于冰箱、冰柜制造是大规模流水线生产，新的硬泡组合聚醚厂家进入该类企业需要通过小批量、长时间试验，并证明优于目前使用产品，确保有稳定的质量、大批量的供应能力、完善的技术服务体系和具有竞争力的价格优势后，这类企业才会接受新企业提供的产品，从而构成新企业进入的市场障碍。

随着经济的发展，该行业已经实现了充分的市场化竞争，各企业面向市场自主经营，红宝丽作为该行业的领先者，其拥有多项技术优势。

硬泡组合聚醚的核心技术

红宝丽经过多年的技术开发和生产经验积累，拥有产品配方、单体聚醚生产中的反应机理和过程控制等关键技术，尤其是有长期硬泡组合聚醚供货的技术经验和现场工艺发泡经验积累，从而形成较高的技术壁垒；另一方面，拥有一批较高素质的高中级专业技术人才，并聘请了多名国内聚氨酯权威专家为公司长年技术顾问。相关技术成果被列为重点国家级火炬计划项目、国家星火计划项目、国家重点技术创新计划等等，获得多项国家发明专利和实用新型专利。

特种聚醚多元醇的开发能力

聚醚多元醇是硬泡组合聚醚的主要组成部分，组合聚醚厂家必须配合下游产品厂商不同的个性化需求，开发出不同的产品配方，有针对性地开发相应的聚醚多元醇，才能确保聚氨酯硬泡组合聚醚的适应性。红宝丽具有硬泡组合聚醚用特种聚醚多元醇的研制开发和生产能力，而多数组合聚醚厂家只能外购通用聚醚多元醇配套，这将难以满足客户的个性化需求和确保产品质量的稳定。

快速脱模组合聚醚的开发能力

为提高冰箱厂家生产流水线的效率，红宝丽开发了提高脱模速度的组合聚醚，达到了国内领先和国际先进水平，并申请了两项发明专利。冰箱企业在不进行生产线改造，并在保证产品性能的前提下，泡沫脱模时间由原来6分钟缩短至3分钟，使冰箱企业的生产效率提高近一倍。

优化性价比的开发能力

为了降低冰箱企业的成本，在充分保证产品性能的前提下，开发能够减少与之配套使用的价格较高的聚合MDI使用量的组合聚醚产品；为配合出口冰箱产品达到国外较高的能耗标准，公司开发出低K值（保温材料导热系数，是衡量冰箱、冰柜等冷藏类家电性能优劣的重要指标之一，K值越高能耗越高。）型组合聚醚产品，并申请了1项发明专利，及时满足冰箱新产品需求，保证产品性价比最优。

新产品协同开发能力

为了满足世界各地对环保、节能、价格、性能的不同要求，红宝丽开发出适应不同地区的新产品，根据冰箱企业新设计产品的要求，协同冰箱厂家开发不同性能的组合聚醚，自行研发出具有高技术含量的节能型硬泡阻燃板材，阻燃性能达到难燃级。

合成异丙醇胺生产新工艺

异丙醇胺的生产和消费主要集中在德国、美国、英国等欧美发达国家。

随着世界经济走向良性、持续、快速发展轨道，表面活性剂、水泥、医药、农药中间体等行业持续增长，加之环保问题正越来越受到全世界的重视，使异丙醇胺产业得以快速发展，并以其优越的环保与物化性能，在欧美等发达国家的诸多行业得到更广泛的应用。中国异丙醇胺生产起步较晚，直至20世纪80年代中期，上海助剂厂率先开发成功了25%氨水合成异丙醇胺工艺，但由于25%氨水流程固有的缺陷，致使能耗居高不下，副产较多，使得国内多数生产厂家陆续被迫停产，国内一些高品质的异丙醇胺产品不得不依赖进口。红宝丽经过多年的研究，开发出连续法高压超临界合成异丙醇胺生产新工艺，并获得国家发明专利，已建成年产2万吨的异丙醇胺生产装置，填补了国内空白，工艺技术达到世界先进水平，目前规模居亚洲第一、世界第三。最近三年，公司异丙醇胺系列产品的销售量平均以每年20%以上的速度增长。

红宝丽自主开发的技术获得国家专利8项，其中发明专利2项。公司的高纯度、新工艺二异丙醇胺产品工艺开发及优化被列为“国家重点技术创新项目”，公司的醇胺工程技术研究中心成为国内异丙醇胺行业技术水平较高的研发机构之一。相对于国际国内同行业企业来说，公司的技术服务更为贴切，市场部中技术服务人员近一半，一方面主动根据客户的具体情况，对客户的不同需求作出快速反应，将售后技术服务前移至售前技术推进，从成本、性能、节能等各方面为客户提供超前服务与定制式服务，赢得客户较高的忠诚度，形成快速灵活的市场应变能力和机制，对终端市场具有较强的掌控力，将公司技术创新优势转化为市场竞争优势。

雄厚的技术优势使企业在同行业中已经崭露头角，到2005年占冰箱市场的21.3%，为国内第一；异丙醇胺销售年均增长50%以上，生产和销售居亚洲第一。凭借良好的产品品质和销售服务，红宝丽在其所处的领域树立了较好的品牌形象。并且，在环保节能方面，红宝丽通过了环境管理体系ISO14001认证，获得“江苏省环境行为信息公开化绿色等级企业”、“江苏省环境保护先进企业”等称号。

创投“入住”，携手前进

在强大的技术优势和个性化的服务背后，要想在这个已经实现市场化竞争的市场上取得更迅速的发展，仅仅依靠自身力量是很难实现的，红宝丽的发展也遇到了资金瓶颈，然而在资本市场上，创业投资作为目前企业融资的重要方式之一，融资的过程既是企业寻找创投机构的过程，也是创投机构寻找被投企业的过程。只有在双方理念一致、相互欣赏的情况下，才能在最后“喜结良缘”，红宝丽雄厚的技术优势以及强大的市场占有率不断引来众多的创投机构的眼光。

2006年，江苏高科技投资集团有限公司发现了南京民营企业中的这匹黑马，开始与其接触，综合分析判断红宝丽的价值亮点和所存在的风险。

江苏高投认为红宝丽的价值亮点在于

一是经营管理层素质良好，领导班子稳定。红宝丽董事长兼总经理芮敬功自1994年起领导红宝丽的经营和发展，多次被授予“南京市优秀企业家”、“江苏省优秀企业家”、“江苏省劳动模范”、“全国优秀质量管理推进者”等多项称号，其主创的“提升企业核心竞争能力的问题动态管理”荣获第八届全国企业管理现代化创新成果一等奖。公司经营层其他主要成员，多数也从1994年起在红宝丽工作。

二是红宝丽产品所处的市场未来将有较好的增长。红宝丽所生产的组合聚醚硬泡类产品，主要用于冷冻冷藏设备等方面，是冷冻冷藏设备，如冰箱、冰柜、冷库、冷藏车等的最理想的绝热材料，而冰箱市场在未来将保持较高增长。另一主要产品异丙醇胺由于其独特的物理、化学性质，在化学工业中有着极其广泛的应用，市场前景看好。红宝丽是国内异丙醇胺的主要生产厂家，其他生产企业无论是产品品质还是成本，都无法对红宝丽产生竞争压力。

三是已拥有较高的市场占有率和较好的品牌形象。聚醚产品销售为国内第一；异丙醇胺销售年均增长50%以上，生产和销售居亚洲第一。凭借良好的产品品质和销售服务，红宝丽在其所处的领域树立了较好的品牌形象。

四是企业技术开发能力较强，聚醚组合的研发团队为国内第一，拥有一批较高素质的高中级专业技术人才，并聘请了多名国内聚氨酯权威专家为公司长年技术顾问。相关技术成果被列为重点国家级火炬计划项目、国家星火计划项目、国家重点技术创新计划等等，获得多项国家发明专利和实用新型专利。

五是产品质量稳定。红宝丽严格遵循ISO9001标准，实施产品设计开发、生产及质量控制。生产过程中原材料进料方式及产品包装过程均采用智能化自动控制工艺，产品质量控制稳定；检测中心配备了功能先进的各类检测仪器，为原材料、中间产品、产成品提供全面及时的分析检测数据，保证了产品的质量稳定。

六是在环保节能方面，红宝丽通过了环境管理体系ISO14001认证，获得"江苏省环境行为信息公开化绿色等级企业"、"江苏省环境保护先进企业"等称号。企业主要的"三废"为废水，已通过污水治理并达标。

江苏高投判断该项目具有以下风险

一是原材料价格上涨的风险。聚醚和异丙醇胺的主要原材料都为环氧丙烷，石油价格上涨导致丙烯价格上涨，再传导到环氧丙烷，聚醚和异丙醇胺面临原材料价格上涨的压力。

二是管理风险。虽然该公司管理团队较稳定，管理较规范，但公司存在一定家族控制的风险，内部治理结构有待完善。

三是财务风险。公司负债比超过60%，资金链紧张，财务风险较大。另外，公司在异丙醇胺产品方面，还需要进一步打开销售局面，渗透到更加细分的应用领域。

经过充分地分析判断之后，江苏高投认为红宝丽具有较大的成长潜力，决定由旗下基金对其实施投资。

资本的投入并不表示投资就结束了，这只是创业投资的第一步，还需要在投资后为企业的发展提供后续的增值服务，只有这样，才能帮助企业突破自己原有的局限，在不断成长与发展中实现投资资本的增值。因此，在投资后，江苏高投全面调动集团的资源，利用自身的专业知识和资源，积极做好相关研究工作，为企业提供决策咨询、整合市场资源、完善治理结构和加强团队建设等极有价值的增值服务。

协助完善公司治理结构

公司具有典型家族式企业的特点，存在一定家族控制的风险，内部治理结构有待完善。公司快速扩张对内部管理的规范和效率提出更高要求，对此，江苏高投利用自身多年积累的专业经验和能力，帮助红宝丽进一步完善治理结构，协助制定了一系列有效的内控制度，以提高公司的内部管理效率。

帮助公司调整销售策略

红宝丽所生产组合聚醚主要是组合聚醚硬泡类产品，主要用于冷冻冷藏设备等方面，是冷冻冷藏设备，如冰箱、冰柜、冷库、冷藏车等的最理想的绝热材料，而冰箱市场在未来五年内将保持较高增长。另一主要产品异丙醇胺由于其独特的物理、化学性质，在化学工业中有着极其广泛的应用，市场前景看好。红宝丽是国内异丙醇胺的主要生产厂家，其他生产企业无论是产品品质还是成本，都无法对红宝丽产生竞争压力。然而强大竞争力的背后也隐藏着局限性。红宝丽向前五大供应商采购比例较高，存在过于依赖重要客户的风险，为了降低客户集中的隐性风险，江苏高投帮助企业改善采购结构，开拓新客户和新市场，逐年降低了对大客户的依赖；对于原材料价格上涨的风险，江苏高投建议公司通过与客户绑定价格、开发可替代原料等方式降低了风险。并帮助公司在异丙醇胺产品方面，进一步打开销售局面，渗透到更加细分的应用领域。

开展技术及人才的保护

鉴于核心技术、产品配方是公司的核心竞争力，江苏高投建议公司根据实际情况申请专利，以获得专利法的保护；同时，帮助公司制定严格的技术保密制度，避免核心技术泄密而给公司业务发展造成不利影响。此外，鉴于红宝丽的核心技术掌握在核心技术人员手中，而技术人员的技术水平和研发能力对公司技术优势的长远竞争力具有重要的意义，江苏高投帮助公司建立有效的激励约束机制，很好地稳定了技术人员队伍，凝聚了核心团队的力量。

协助规避财务风险

鉴于红宝丽公司负债比较高，资金链紧张，财务风险较大等问题，江苏高投积极地帮助红宝丽解决了资金和资本运作方面的问题。

“星”绩显著

江苏高投的加入与指导，推动红宝丽的管理更为规范，经营更为稳健，业绩也实现了显著的提高。在江苏高投投资前，2005年净资产8054万元，资产总额3.2亿元，销售收入3.45亿净利润1492万元。投资当年即2006年，净资产1.4亿元，资产总额3.8亿元，销售收入5.06亿元，净利润3130万元。到2010年，公司净资产6.13亿元，资产总额11.45亿元，销售收入达13.87亿元，实现净利润9824万元。

表2　2004～2010年公司经营业绩的变化

报表日期	营业收入	营业利润
2004	211618000	16233900
2005	364907000	22422900
2006	555933000	42965800
2007	736505000	85387600
2008	889905000	88654200
2009	923533000	136632000
2010	1387060000	116721000

结合表2和图1可以看出，自2006年之后公司的营业收入有一个明显的增长，几年来平均增长率超过30%。红宝丽的快速增长，离不开它的核心技术与竞争力，也与江苏高投的加入息息相关。由于江苏高投在2006年的增资，使得企业有足够的资本进行技术研发和产品的更新换代，为企业的发展提供

资金支持的同时，也给企业以更专业的指导和服务，最终促进了企业业绩的飞速提升。

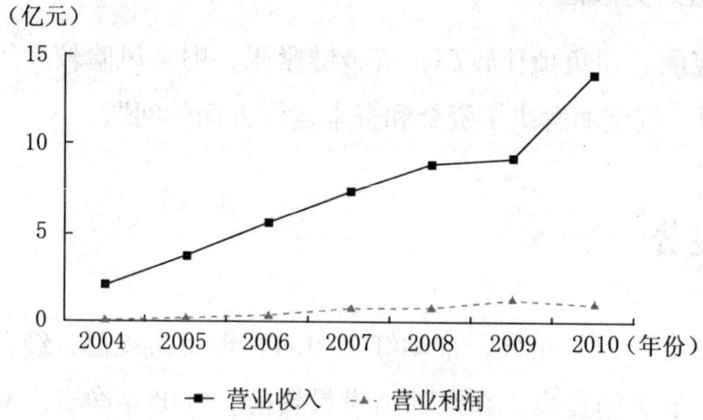

图1　经营业绩变化折线图

以上简单的数据只是对这颗"红色明星"业绩的小觑，在未来的道路上，红宝丽还有一片更为广阔的天空。

红宝丽已于2007年在深交所中小板上市，对于它的成功上市，江苏高投并未驻足欢喜，而是继续做好自己的各项服务，和红宝丽携手迎接更美好的未来。江苏高投目前尚未完成全部退出，预计回报率为30倍。

站在创投角度通过对红宝丽投资案例的分析，不难看出，优秀的团队，较强的技术开发能力，较高的市场占有率，较好的品牌形象，这几个方面在企业的发展过程中有着至关重要的推动作用，也正是基于这些特质，江苏高科技投资集团有限公司立足专业视角，怀着一颗勇敢的心，在分析亮点和风险的基础上，为我国环保行业的发展成就了一个辉煌的企业。

小资料

江苏高科技投资集团有限公司

江苏高科技投资集团（简称"江苏高投"），始创于1992年，是中国最早设立的专业创业投资机构之一，是江苏省委省政府着力打造的以创业投资方式支持科技创新创业、助推新兴产业发展的省级专业化投融资平台。

截至目前，江苏高投累计发起41支创业投资基金，管理资本规模达200亿元，累计投资了近400家创业企业，其中科技型中小企业超过70%。江苏高投的投资地域遍及全国，投资领域覆盖新能源、新材料、现代装备制造、生物医疗、电子信息、现代服务业、文化产业等。江苏高投培育出了无锡尚德、中国传动、北京超图、江苏旷达、天瑞仪器、秀强玻璃、丰东股份、通鼎光电、吉鑫科技、爱康太阳能、亚玛顿、红宝丽等32家上市公司，还有相当一批企业正式启动上市程序。

经过多年努力，江苏高投已形成了国内规模最大、行业最全、分工最细的专业化投资管理团队，包括8支行业投资团队、10支区域投资团队和4支职能团队，团队成员有长期的行业从业背景，对行业、产业的发展规律有深入了解，具有丰富的创业投资实务操作经验。江苏高投实现了对包括新能源和节能环保、现代服务业和农业、生物技术和新医药、先进制造和装备、新材料、物联网和软件外包及文化产业等在内的新兴产业全覆盖，建立了“覆盖全省，辐射全国”的创业投资管理网络体系。江苏高投还拥有独立的研发部门和国家级博士后工作站，就股权投资的市场环境、行业政策、机构运作、投资实务、产品创新等诸多课题开展了深入细致的研究。

江苏高投先后获得国家发改委、科技部颁发的“中国科技产业投资奖”、“中国最具影响的本土风险投资机构”等；市场权威评级机构授予的“中国最具竞争力的创投机构”、“中国最佳增值服务创投机构”、“中国本土十佳创投机构”等荣誉。2011年7月底，国家发展改革委组织的“首届中国创业投资行业峰会”在北京国家会议中心隆重举行，国务院15个相关部委领导、全国47个省级备案管理部门相关领导以及创业投资行业代表近千人出席了本次峰会。峰会上，江苏高投荣膺“2011年度中国优秀创业投资机构”金奖，在全国中外资创投机构综合排名中取得了第二名的佳绩。

专家点评

环保作为国家七大新兴战略产业之一，具有广阔的发展前景。红宝丽拥有核心技术，是国内冷藏行业硬泡聚醚的龙头，异丙醇胺生产和销售居亚洲第一，团队稳定，业绩持续快速增长，无愧绿色环保世界的红色明星。当然，其快速奔跑，离不开江苏高投资本的驱动。民营企业的普遍问题，家族式管理，公司治理结构不完善。江苏高投进入后，协助完善公司治理结构，帮助公司调整销售策略，开展技术及人才的保护，协助规避财务风险，使经营者专注经营，各自发挥所长，企业更快成长。江苏高投从红宝丽项目发掘，到投资进入，输入增值服务，到红宝丽成功上市，给我们充分展示了一个完美的创业投资案例。

李娟
武汉华工创业投资有限责任公司董事长

后 记

《创投中国》编撰工作从去年9月开始，至今年5月结束，历时9个月有余。丛书第一辑共包括10家优秀创投机构、10位优秀创投家、15个优秀创投案例，共有35篇，涉及21家创投企业，是一项牵涉面广、工作复杂的工程。中国创投委股权和创业投资研究院的丁明洪、石俊来、郑茹文、梁烁等同志为丛书的编辑付出了辛勤劳动。为保证图书质量，编辑小组通过实地采访、电话采访等方式，收集第一手资料，并不厌其烦地多次沟通，保证资料真实可靠。

本书的顺利出版，也离不开各有关方面的大力支持和帮助，在此表示衷心感谢！首先要感谢图书涉及单位的大力支持和协助，很多创投家都在繁忙的工作中亲自接受采访和修改文稿；同时要感谢各创投机构的联络人承担了大量繁琐的联络工作，他（她）们是（排名不分先后）：深创投的格日勒图和罗为为、江苏高投的刘贻文、IDG资本的陈静、红杉中国的杨涛、君联资本的翟凤林、同创伟业的董冬冬和张震、德同资本的张馨、硅谷天堂的吴亦婷、达晨创投的李卓轩、北极光创投的关静、上海永宣的朱晓珺、广东粤科的黄俐俐、中信资本的安慧、浙商创投的林茹和凌晓璐、创东方的刘慧君、中国风投的刘晓兵、山东高新投的王庆民、如山创投的张晓阳、华威国际的孟欣、久盛创投的王骥、天图资本的张菁。其次，要感谢参与初稿写作的人员，他（她）们是（排名不分先后）：丁金运、何莎莎、赵建鸣、张展培、谢俐娜、程琳、段毅、贾红宇、谢路、曹伟华、刘敏、陈静薇、汪长春、刘阳、孙晓瑜、刘烨、王维娜、肖芹等。最后，要特别感谢给丛书写序、推荐点评、案例点评的各位领导、专家学者的大力支持；感谢秘书处全体同事的配合和协助。

为尊重知识产权，我们要求所有编撰人员在撰写文稿时必须注明所参考和引用文献资料的出处和来源；尽管如此，在搜集资料和编撰过程中依然可能存在一些疏漏，敬请业界人士和单位对丛书中存在的疏漏给予谅解。

由于时间关系和经验不足，本书难免存在不当和错误之处，欢迎广大读者提出批评和宝贵的建议。

《创投中国》编委会

二零一二年五月

中国投资协会创业投资专业委员会

中国投资协会创业投资专业委员会（简称“中国创投委”）是经国家发展改革委员会批准成立（发改人干字[2010]36号）、国家民政部批准登记（民社登字[2010]第6080号）的全国社会团体，是目前国内唯一经政府主管部门正式审批注册（社证字第4122-9号）的全国性创业投资行业协会组织。

中国创投委的宗旨是：宣传贯彻国家有关创业投资政策法规、研究创业投资领域中的重大理论和实际问题、培训创业投资行业专门人才、加强创投行业规范和企业自律管理，保护创业投资者的合法权益，构建创投企业与政府主管部门之间、创投企业之间以及创业投资企业与创业企业之间联系交流合作的桥梁与纽带，推动中国创业投资行业持续健康快速发展。

股权和创业投资研究院

股权和创业投资研究院是在中国创投委研究中心基础上，联合《投资与合作》杂志社共同创办，专注于股权和创业投资研究的专业机构。研究院成立以来，为推动我国创业投资政策环境的完善、促进国内外创业投资业的合作与交流、搭建创投企业与政府沟通桥梁等方面作出了重要贡献，得到了相关领导和会员单位的高度赞扬。